하나님의 대사 3

사랑의 중보자 3

김하중 지음

규장

사랑하는 독자들에게

《하나님의 대사 1》을 출간한 지도 벌써 2년이 되어갑니다. 그동안 저는 독자들로부터 참으로 많은 사랑과 지지를 받았습니다. 책을 읽은 독자들로부터 받은 메일은 5천 통이 넘었습니다. 모든 것이 다 하나님의 은혜입니다. 또 수많은 사람이 저를 만나고 싶어 합니다. 감사하게도 지금까지 저를 초청한 교회나 단체들이 1천 곳이 넘었습니다. 그렇지만 집회를 한 곳은 100여 곳에 불과합니다.

저는 집회에 갈 때나 사람을 만날 때면 늘 하나님의 뜻을 먼저 여쭈어봅니다. 어떤 사람을 위해서 기도를 할 때도 극히 조심합니다. 저는 다만 하나님의 도구일 뿐이기 때문입니다. 그래서 늘 옷깃을 여미며 하나님 앞에 겸손하려고 합니다. 이 모든 것이 제 능력이 아니며, 하나님께서 은사를 거두어가시면 저는 껍데기일 뿐임을 너무 잘 알기 때문입니다.

독자들 중에 어떤 분은 제가 어떻게 모든 기도에 대한 대답을 들을 수 있는지 의문을 가질지도 모릅니다. 사실 제가 모든 기도에 하나님의 응답을 받은 것이 아닙니다. 다만 책에는 제가 응답받은 내용만을 기록했기 때문에 마치 모든 기도에 응답을 받은 것처럼 보였을 뿐입니다. 그리고 좀 이상하게 들리실지 모르겠습니다만, 저는 대답을 듣지 못할 기도는 될 수 있는 대로 하지 않으려고 합니다. 만일 저도 제 욕심에 따라 혼(魂)의 기도를 한다면 하나님의 대답을 들을 확률은 거의 없을 것입니다.

구하여도 받지 못함은 정욕으로 쓰려고 잘못 구하기 때문이라
약 4:3

저는 대부분 하나님나라와 그 의(義)를 구하는 기도, 나라와 민족을 위한 기도 그리고 남을 위한 기도를 하고 있기 때문에 응답을 받거나 하나님의 뜻을 알 수 있는 확률이 그만큼 높아졌다고 생각합니다.

그런즉 너희는 먼저 그의 나라와 그의 의를 구하라 그리하면 이 모든 것을 너희에게 더하시리라 마 6:33

저는 영(靈)의 기도를 '내 안에 계신 성령님이 원하시는 기도이며 성령님이 인도하시는 기도'라고 정의합니다. 이런 기도는 성령님이 원하시는 기도이기 때문에 하나님의 뜻을 알기가 비교적 쉽습니다. 그리고 우리가 아는 언어로 기도하는 것도 좋지만 바울이 고린도전서 14장 14절에서 말하듯이 방언으로 기도하면 영으로 기도하기가 더 쉽습니다. 그래서 바울은 18절에서 "내가 너희 모든 사람보다 방언을 더

말하므로 하나님께 감사하노라"라고 말합니다. 이와 같이 우리가 영의 기도를 하는 데는 우리말로도 간절히 기도하며 또 방언으로 기도하면 많은 도움을 받을 수 있습니다.

앞서 말씀드렸듯이 책을 출간한 후 수많은 독자들이 제게 편지를 보내왔습니다. 처음에는 책을 읽은 소감이나 서평인 줄 알고 이메일을 열어 보았습니다. 그런데 대부분이 기도를 부탁하는 것이었습니다. 질병을 비롯해 안타까운 사연도 많았지만, 거의가 제가 기도할 수 없는 혼의 기도에 관한 내용들이었습니다.

누구인지도 모르고 한 번도 본 적이 없는 분들이 자신의 비전, 사업, 돈, 승진, 사랑, 결혼 등에 대하여 기도해달라는 것이었습니다. 그래서 얼마 후에 이메일을 아예 닫아버렸습니다. 독자들은 책에서 제가 한 번도 본 적이 없는 사람에게 하나님이 주시는 마음을 전달하는 것을 보고 자신들에게도 그렇게 해줄 수 있다고 생각한 것 같습니다.

그러나 제가 책에서 기도해준 사람들과 일반 독자들의 상황은 전혀 다릅니다. 책에 나오는 사람들은 대부분 목사나 선교사 등 목회자들이거나 업무적으로 저와 직간접으로 연관을 가진 사람들이고, 그들 대부분이 스스로 많은 기도를 쌓은 사람들이었습니다. 우리가 기도를 계속해서 기도가 쌓이면 하나님께서는 누군가를 통하여 대답하십니다. 그렇게 본인들의 기도가 쌓였기 때문에 때로는 제가 원하지 않았는데도 하나님께서 마음을 주신 경우도 있었습니다.

물론 제게 기도를 부탁한 사람들 중에 본인도 계속 기도하는데 응답을 받지 못하니까 답답한 분도 많았겠지만, 가장 중요한 것은 본인의 기도라고 생각합니다. 자신의 유익과 정욕으로 구하는 기도가 아닌 영의 기도라면 하나님께서 어떤 방법으로든 응답을 주실 것입니다.

오직 믿음으로 구하고 조금도 의심하지 말라 의심하는 자는 마치 바람에 밀려 요동하는 바다 물결 같으니 이런 사람은 무엇이든지 주께 얻기를 생각하지 말라 두 마음을 품어 모든 일에 정함이 없는 자로다 약 1:6-8

기도는 하나님과의 교제입니다. 하나님께서 성경으로 우리에게 말씀하시고, 우리는 기도로 하나님께 응답하는 것입니다. 그런데 많은 사람들이 하나님과의 교제보다는 기도를 통해서 하나님께 무엇인가를 얻기만 바랍니다. 그래서 일방적으로 자신의 요구를 하나님께 통보하고 기도를 끝내버립니다. 그렇게 하고서야 어떻게 기도의 응답을 받으며, 하나님의 음성을 들을 수 있겠습니까.

제 경우는 먼저 하나님을 찬양하고 경배합니다. 그리고 생각나는 죄를 회개하며 예수 그리스도의 보혈로 덮어달라고 기도합니다. 제 속에 있는 더러운 것들과 생각 속에 있는 견고한 진(陣)들을 예수님의 이름으로 쫓고, 성령님의 도움을 구합니다. 그리고 하나님께서 제게 하신 모든 일에 감사합니다. 그런 후에 하나님의 나라와 그의 의를 위해서, 나라와 민족을 위해서 또 주의 종들과 기도가 필요한 다른 사람들을 위해서 기도합니다. 그리고 마지막으로 가족을 위해서 기도합니다.

이렇게 기도하면서 제가 발견한 것은 어떤 문제를 놓고 기도할 때, 그 기도가 즐겁고 이루어질 것이라는 확신이 들면서 똑같은 기도를 계속할 수 있다면 그것은 응답될 가능성이 컸습니다. 반면에 기도를 하면서 마음이 무겁고 확신이 들지 않으며, 몇 번 하다가 포기한다면 그것은 거의 응답되지 않았습니다. 그것이 나의 정욕을 위한 기도라면 하나님 보시기에 창피해서라도 스스로 기도를 그만두게 되었는데, 왜냐하면 내 안에 계신 성령님을 통하여 하나님의 뜻을 알 수 있었기 때문입니다.

저는 기도하면서 하나님의 음성을 듣겠다고 노력한 적이 없습니다. 열심히 기도하는 중에 어느 날 하나님께서 마음에 주시는 세미한 음성을 듣기 시작했고, 그것을 통해 하나님의 살아 계심을 확신하게 되었습니다. 예전에 저도 그랬습니다만 많은 크리스천들이 하나님을 믿는다고 하면서도 하나님이 살아 계심을 확신하지 못하고, 계속 세상을 쳐다보고 사람을 의지합니다. 그래서 저는 늘 하나님의 살아 계심을 강조하고 책을 쓰면서 하나님이 살아 계심을 증거하기 위하여 제가 경험한 이야기들을 포함시킨 것뿐입니다.

그런데 제가 항상 하나님의 말씀을 듣는 것처럼 오해하는 분도 계실 수 있고, 하나님이 주신 마음이라고 하면서 제 마음대로 지어서 하는 말이 아닌가 생각하는 분도 계실 수 있습니다. 하지만 하나님께서 항상 말씀하시는 것도 아니며, 제가 원할 때마다 주시는 것도 아닙니다. 오히려 침묵하시는 경우가 더 많습니다. 하나님의 엄위하심 앞에서 어찌 감히 마음대로 지어서 말할 수 있겠습니까!

지금도 많은 크리스천들이 자신이나 가족의 문제를 끌어안고, 어떻게 하면 당면한 고난과 고통에서 빠져나올 수 있을지 고민하며 기도하는 것으로 알고 있습니다. 저라고 왜 고민이 없고, 고통이 없겠습니까. 그렇지만 하나님께서는 "아무것도 염려하지 말고 다만 모든 일에 기도와 간구로, 너희 구할 것을 감사함으로 하나님께 아뢰라 그리하면 모든 지각에 뛰어난 하나님의 평강이 그리스도 예수 안에서 너희 마음과 생각을 지키시리라(빌 4:6,7)"라고 하셨습니다. 또한 "항상 기뻐하라 쉬지 말고 기도하라 범사에 감사하라 이것이 그리스도 예수 안에서 너희를 향하신 하나님의 뜻이니라(살전 5:16-18)"라고도 말씀하십니다.

그러므로 우리는 모든 것을 하나님께 맡기며, 그분의 뜻대로 성도를 위해 간구하시는 성령의 인도를 따라 기도해야 합니다. 우리가 현실적인 어려움에도 불구하고 자신의 정욕과 유익을 위한 혼의 기도를 내려놓고 하나님이 원하시는 영의 기도를 할 때, 우리 안에 계신 성령께서 움직이기 시작하시며, 말할 수 없는 기쁨과 담대함을 허락하십니다. 그리고 우리가 원하는 소망도 자연스럽게 이루어질 것입니다.

프롤로그

살아 계시는
하나님을 만나는 삶

    2011년 한 해 동안 집회를 다니고 사람들을 만나면서 아직도 많은 크리스천들이 하나님의 살아 계심에 대해 확신이 없다는 것을 느꼈다. 그리고 하나님을 경배하고 기도하면서 그분과 교제하는 기쁨을 누리기보다는 기도를 하나님으로부터 무엇인가를 얻는 수단으로 여기고 있는 사람들이 많다는 것을 알았다. 또 어떤 이들은 어떻게 하면 하나님의 음성을 들을 수 있는가에만 관심을 가졌다.

    그러나 내가 《하나님의 대사》를 통해 전하고자 하는 메시지는 자신의 신앙생활을 돌아보며 하나님 앞에 무릎 꿇고 회개하며, 그분의 뜻대로 '영(靈)의 기도'를 할 때 그 기도를 들어주시고 풍성한 복을 허락하신다는 것이다. 그리고 모든 염려를 내려놓고, 하나님께 온전히 집중하며 기도할 때 하나님의 세미한 음성도 들을 수 있게 된다. 하지만 예언의 말씀이나 지식의 말씀을 주시는 것은 은사여서 우리가 원하거나 노력해서 되는 것이 아니라 오로지 하나님의 뜻에 달려 있다. 이런 나의 생각과 아직 전하지 못한 살아 계신 하나님과의 체험을 나누고자《하나님의 대사 3》을 쓰게 되었다.

 그동안 나는 많은 사람들이 김대중 전 대통령에 대하여 여러 가지 오해를 하는 것에 대해 안타깝게 생각하고 있었다. 특히 김 대통령이 천주교 신자라는 것 외에 그 분의 믿음에 대해 알지 못하기 때문에 언젠가는 이 부분에 관해 꼭 밝혀야겠다고 생각했다. 그래서 1998년 2월 25일 대통령 취임 당일부터 2001년 10월까지 3년 8개월 동안 청와대에서의 생활과 이후 2009년 8월 서거(逝去)하실 때까지 김 대통령과의 접촉을 통해 그 분이 얼마나 훌륭한 믿음의 사람이었는지 그리고 하나님께서 그 분을 얼마나 사랑하셨는지 보고 듣고 느낀 일부를 기록했다.
 또한 사람들은 노무현 전 대통령이 하나님을 믿지 않는 사람이었기 때문에 하나님과 아무런 관련이 없다고 생각할지도 모른다. 그러나 성경에 '모든 권세는 하나님께로부터 난 것'이라고 말씀하시지 않았는가. 내가 기도를 통해 경험한 바에 의하면 노 대통령은 하나님께서 세우신 지도자였다. 비록 그의 죽음은 비극적이었지만 하나님께서 그를 얼마나 사랑하셨는지는 나에게 시키신 엄청난 기도를 통해 알 수 있었다.
 그리고 하나님께서 나를 어떻게 인도하셔서 통일부 장관이 되었으며, 공직을 떠나게 되었는지를 간략히 기록했다. 아직은 모든 것을 다 밝힐 수 없지만, 언젠가 내가 하고자 하는 이야기를 다 말할 수 있을 때가 올 것이라고 믿는다.

공직에서 떠난 후 나는 세계 각국의 선교사들이 사역하는 이스라엘과 선교사들을 훈련시키는 하와이 코나에 있는 열방대학(University of Nations)에 가서 특이하고도 많은 경험을 했다. 그 땅은 선교사들이 끊임없이 기도하고 영적전쟁을 하는 일종의 전쟁터이기에 그런 일들이 일어났다고 생각한다.

그 밖에 하나님께서 자신의 종이나 자녀를 얼마나 사랑하시고 안위하시는지 그리고 아직은 하나님을 믿지 않지만 하나님께서 택하신 자들을 어떻게 보호하시는지를 기록했다. 나는 독자들이 이런 이야기들을 읽으면서 하나님의 살아 계심을 생생하게 보고 확신하게 되기를 바란다.

우리가 보는 현실은 너무 혼란스럽다. 매스컴은 우리 사회의 부패와 부정직 그리고 돈과 명예와 권력을 얻기 위해 별별 수단과 방법을 다 사용하는 사람과 사건들로 뒤덮여 있다. 이러한 현상이 더 많이 배우고, 더 많이 갖고, 더 지위가 높은 사람들한테서 빈번하게 나타나고 있다. 이것이 계속된다면 이 사회와 나라가 어디로 갈지는 뻔하다.

이제 이 나라의 리더들이 바뀌어야 한다. 자신의 자리에서 누리는 자가 아니라 사람을 사랑하고 정직하며 담대하고 책임을 지며 고통을 감당하는 리더가 되어야 한다. 그래서 경제적인 어려움과 사회적인 박탈감에 미래에 대한 소망조차 품지 못하거나, 오직 자기 자신과 가족의 부유함과 안일함만을 추구하는 물질 만능주의에 빠진 이 땅의 젊은이들에게 빛과 소금 된 모습을 보여주어야 한다. 왜냐하면 젊은이들이 변하지 않으면 우리의 앞날에 희망이 없기 때문이다.

특히 우리 크리스천들은 예수님을 닮아 연약하고 힘없는 자들을 위해서 조그만 십자가라도 달게 져야 한다. 그리고 사랑과 정직함과 담대함이라는 강력한 무기로 무장하여 세상을 감동시키고 변화시켜야 한다. 이것이 이 시대에 우리를 향한 하나님의 뜻이라고 나는 굳게 믿는다.

2010년에 출간된 《하나님의 대사 1》에 이어, 2011년에 출간된 《하나님의 대사 2》가 〈국민일보〉 선정 '기독히트 대상'을 받는 기쁨을 누리게 되었다. 더욱이 《하나님의 대사 1》은 기독교출판협회와 기독교서점협의회가 공동 집계한 '2011 종합 베스트셀러'에서 전체 1위를 차지하여 금년에 가장 사랑받은 기독 도서로 선정되었다. 또한 문서선교협력위원회는 보잘것없는 글솜씨에도 불구하고 나에게 2011년 '올해의 저자상'을 주었다. 이 모든 것이 하나님께서 나에게 부어주신 말할 수 없이 큰 은혜였음을 고백한다.

2011년 12월 8일

사랑하는 독자들에게
프롤로그

CHAPTER 01 믿음의 대통령 _19

여호와 이레의 하나님
뜻밖에 자리를 옮기다
준비된 대통령 비서관
대통령 의자 뒤에 숨다
감동의 전송
청와대 근무를 주저한 이유
대통령의 믿음에 놀라다
당장 내 이름을 지우세요
예수를 믿지 않으면 살 수가 없었어요
진정한 하나님의 사람
대통령을 위한 중보기도자
놀라운 일이 발생할 것이라
대통령과의 마지막 오찬
또 다른 중보자들

CHAPTER 02 사랑의 중보기도 _55

성령께서 시키신 기도
첫 번째 만남과 사스
위로와 격려의 메시지
처음이자 마지막 독대
예수를 조금만 약하게 믿으시지요
반대한 사람들을 축복하다
오직 하나님만이 하실 수 있는 일
끊임없는 중보기도와 슬픈 소식

차례

CHAPTER 03 사랑하는 자들을 보호하심 _77

지금은 그곳에 가면 안 됩니다
기도하지 않으면 계속 있기 어려울 것이라
아비의 눈물과 기도로 아들을 고치다
깊고 크신 사랑
기도 그대로입니다
하나님의 위로로 다시 일어서다
자녀들의 고통을 돌아보시는 하나님
중보하는 자를 위로하시는 하나님

CHAPTER 04 영광 속의 고난 _109

떠날 준비를 하라
장관 내정 통보를 받다
참 재미없게 사신 것 같아요
누구를 두려워할 것인가
상생과 공영을 향해
거꾸로 가는 남북관계
당연히 공격을 받아야 합니다
은퇴는 생각하지도 말라
때가 가까워오다
경질 통보를 받다
공직을 떠나다

CHAPTER **05** 선교지에서 생긴 일 _145

믿음으로 반응하다
뉴욕까지라도 따라가겠어요
초막절 행사에 초청받다
시간에 상관없이 충분히 하십시오
말씀하신 대로 하겠습니다
기도가 응답되도록 해주셔서 감사합니다
제 남편을 변화시켜주십시오
두 장의 기도문
하와이 코나로 가다
로렌 커닝햄에게 하나님의 마음을 전하다
뜨거운 기도와 성령의 임재
열방대학 간사들에게 특강을 하다
너는 감사히 받을지어다

CHAPTER **06** 기도로 만난 사람들 _197

흔들리는 집안을 세우시는 하나님
사랑하는 종을 살리시는 하나님
집회 일정은 바꿀 수 없습니다
하나님의 대사를 보내주십시오
새로운 중보기도팀

CHAPTER 07 성령의 권능과 리더십 _227

진정한 리더의 조건
세상적인 리더
영적인 리더
영적인 리더들의 사명

에필로그
감사의 글

AMBASSADOR OF GOD

CHAPTER 01

믿음의 대통령

여호와 이레의 하나님
뜻밖에 자리를 옮기다
준비된 대통령 비서관
대통령 의자 뒤에 숨다
감동의 전송
청와대 근무를 주저한 이유
대통령의 믿음에 놀라다
당장 내 이름을 지우세요
예수를 믿지 않으면 살 수가 없었어요
진정한 하나님의 사람
대통령을 위한 중보기도자
놀라운 일이 발생할 것이라
대통령과의 마지막 오찬
또 다른 중보자들

여호와 이레의 하나님

1969년 2월 대학을 졸업하자마자 나는 ROTC(7기) 육군 소위로 임관되어 장교 훈련을 받고, 그해 6월 말 전방인 27사단(이기자 부대) 공병대대 소대장으로 배속을 받았다. 복무한 지 일 년 정도 지난 어느 날 갑자기 사단 사령부로 전출되었고, 얼마 후 사단장 전속부관이 되었다. 당시 사단장은 윤홍정 소장(작고, 육사 8기)이었는데, 군인으로서도 탁월했지만 인품도 매우 훌륭한 분이었다.

사단장은 전방 지휘관으로서 가족과 함께 살 수가 없어 관사에서 혼자 생활하고 있었다. 당시만 하더라도 텔레비전은 물론이고 오락이라는 것이 거의 없었다. 사단장은 바둑을 아주 좋아했는데, 그의 바둑 실력은 1급 정도 되었다. 나도 비슷한 실력이어서 그는 저녁에 심심하면 나를 불러 바둑을 두곤 했다. 특히 주말인 토요일과 일요일 저녁에는 몇 시간씩 바둑을 두었다. 그러다보니 같이 식사도 자주 하게 되었고, 이야기를 나누는 일도 많아졌다.

처음에는 단순한 문제에 관해서만 이야기를 하다가 시간이 지나면서 차츰 사회나 정치에 관한 문제 등 여러 가지 이야기를 나누게 되었다. 사실 후방 같으면 상상도 못할 일이었다. 전방에서도 연대장이나 사단 참모들이 근무 중에 하는 공식적인 보고 외에 사단장과 개인적으로 만나 그런 이야기를 나눈다는 것은 거의 불가능했다. 중위인 나에게는 소장인 사단장과 하루에 몇 시간씩 앉아 바둑을 두거나 이야기를 나눈 것이 아주 소중한 경험이 되었다.

그러면서 나는 군대라는 것이 무엇이며 어떻게 움직이는지, 장성들이나 고위 지휘관들이 무슨 생각을 하는지에 대해 많은 것을 배웠고, 군의 많은 인사들과 친분도 갖게 되었다. 그로부터 30년 후에 내가 대통령 외교안보수석비서관이 되자, 전에 군대에서 인연을 맺었던 사람들이 진심으로 나를 환영해주었다.

나는 군에서 전속부관으로서의 경험을 했을 뿐만 아니라, 외무공무원으로 사회생활을 시작한 후에도 여러 부서와 직책을 거쳤고 특히 비서로서 높은 사람을 모시는 경험을 많이 했다.

1973년 외무부(1998년 외교통상부로 개칭)에 들어가 1975년에 당시 김동조 장관(작고)의 수행비서가 되었다. 비록 사무관으로서 수행비서지만 많은 것을 보고 들을 수 있었고, 많은 사람들을 알게 되었다. 당시 남덕우 경제기획원 부총리의 수행비서는 한덕수 사무관

(현 주미대사)이었는데, 대학시절부터 알고 지내던 우리는 누구보다도 가까이 지내면서 수행비서로서의 어려움을 나누곤 했다.

이후 1985년 8월에 3년 반의 주 인도대사관 근무를 마치고 귀국하면서 당시 이원경 외무부 장관(작고)의 보좌관이 되었다. 보좌관은 수행비서와 달리 장관의 실질적인 업무를 보좌하는 자리였다. 나는 그때까지 과장도 해보지 못했지만, 외무부 각 부서에서 올라오는 보고서는 물론이고, 간부나 직원들의 의견을 비롯해 정부 각 부처의 보고서를 종합하여 장관에게 보고하고, 장관의 지시를 전달하는 일을 하면서 많은 것을 배우고 경험했다.

또한 1997년 2월에 아시아태평양국장을 끝낸 후에는 당시 유종하 장관의 특별보좌관이 되었다. 특보는 보좌관과 또 달랐다. 일상적인 업무는 가능한 한 관여하지 않고, 항상 장관과 둘이서 외무부 전체에 관한 의견을 나누면서 장관을 보좌하는 자리였다. 내가 다루는 일이 이전보다 훨씬 많아지고, 만나는 사람들의 범위가 훨씬 넓어짐에 따라 자연히 더 많은 것을 배우고 알게 되었다.

뜻밖에 자리를 옮기다

1985년 장관 보좌관으로 근무할 당시 장관으로부터 북미과장 아니면 주요한 과장을 하라는 권유가 있었지만 나는 중국을 관장하는 동북아2과장을 희망하여 1986년 초부터 근무를 하고 있었다(《하나님의 대사 2》 20-21쪽 참조).

그해 여름 직원들의 가을 전보 인사가 한창 진행되고 있을 즈음에 이상옥 차관(후에 외무부 장관)이 나를 찾았다. 차관 방에 들어가니 차관이 내게 가을부터 의전과장을 맡으라고 했다. 나는 동북아2과장을 맡은 지 몇 개월 되지도 않았을 뿐 아니라 새로운 과에서 여러 가지 일을 하고 있는 중이라 다른 과로 옮기기가 곤란하다고 대답했다. 그러나 차관은 계속 내게 자리를 옮기라고 말했고, 나는 곤란하다고 고집을 부렸다. 내 고집 때문이었는지 그 일이 있고도 한동안 나는 동북아2과장으로 근무했다.

12월에 장관이 바뀌고 1987년 1월 2일 새해 첫 출근을 해서 시무식을 하고 사무실에 돌아오니 뜻밖에도 내가 의전과장으로 발령이 나 있었다. 아마도 내가 이전에 의전과에 가기 싫다고 해서, 내 의견은 묻지도 않고 발령을 낸 것 같았다. 그렇게 원하던 중국 관련 과장을 일 년만 하고 떠나려니 섭섭했지만 어쩔 수 없이 자리를 옮겼다.

외무부 의전과의 업무는 기본적으로 외무장관에 관한 행사를 담당하는 것이었지만, 가장 중요한 것은 대통령 행사 중 외빈에 관한 일정과 외국 순방 행사 준비였다. 나는 1988년 12월까지 2년 동안 전두환 대통령과 노태우 대통령에 관한 외빈 행사와 외국 순방 행사를 담당했다.

1988년 2월에는 노태우 대통령의 취임식이 있었다. 역사상 처음으로 국회의사당에서 개최된 취임식이라 준비에 많은 공을 들였다.

외무부는 총무처와 협조하여 외국에서 참가하는 경축 사절들을 영접하는 준비 때문에 매일 밤을 새다시피 했다. 대통령 취임식과 경축 사절들에 대한 영접은 훌륭하게 끝났다. 또한 그해 가을에 열린 서울 올림픽 때는 외무부 의전팀을 이끌고 수많은 외빈들의 영접에 관한 행사를 성공적으로 치러냈다.

처음 의전과에 갈 때는 섭섭한 마음으로 갔지만, 12월에 떠날 때는 외교관으로서 귀중한 경험을 쌓았다는 깊은 감사를 가지고 떠날 수 있었다.

사람의 마음에는 많은 계획이 있어도 오직 여호와의 뜻만이 완전히 서리라 잠 19:21

준비된 대통령 비서관

1997년 12월 19일 김대중 후보가 대통령으로 당선된 이후, 인수위에서는 외무부에 대통령 의전비서관 후보자를 보내줄 것을 요청해왔다. 당시 나는 장관 특보였는데, 장관이 내게 의전비서관으로 갈 생각이 있냐고 물었다. 나는 청와대에 가고 싶은 생각이 없으며 해외 대사로 나가겠다고 대답했다.

얼마 후 외무부에서는 세 명의 후보자 명단을 인수위에 제출했고, 그중 한 명이 의전비서관으로 결정되어 공식 발표가 있었다. 그런데 얼마 후 번복되어 취임식 닷새 전인 2월 20일에 돌연 내가 의전비서관으로 내정되었다. 나는 대통령 당선자에게 인사도 드리지 못한 채, 취임식 하루 전인 24일에 의전비서관으로 정식 임명되었다(《하나님의 대사 1》 35-36쪽 참조).

내정 통보를 받고 앞으로의 일을 생각하니 걱정이 많이 되었다. 청와대에 가서 대통령을 모시고 일할 때 예상되는 업무의 중압감 때문에 잠이 오지 않을 정도였다. 그래서 계속 하나님께 지혜와 담대함을 달라고 기도했다.

정식 임명을 받은 날, 사무실에 나가 취임식 자료를 보는 순간 깜짝 놀랐다. 노태우 대통령 취임식 당시 내가 다루었던 행사 자료와 거의 비슷했기 때문이다. 자료를 읽어 내려가면서 내가 국회의사당 어디에서 무엇을 어떻게 해야 하는지를 명확히 알 수 있었다. 그러자 마음에 표현할 수 없는 기쁨과 자신감이 솟아났다.

그때 비로소 내가 왜 1987년 1월부터 다음 해 12월까지 만 2년간 의전과장을 해야 했는지를 알게 되었다. 그것은 하나님의 계획이었다. 하나님은 벌써 오래전에 내가 김대중 대통령의 의전비서관이 될 것을 알고 계셨다. 그래서 내가 원하지 않던 의전과장 자리에 나를 데려다놓으시고, 두 대통령을 위한 행사를 준비하면서 충분한 경험을 쌓게 하는 동시에, 국회의사당에서의 대통령 취임식도 미리 경험하게 하신 것이다.

그에 앞서 군대에서 사단장 전속부관, 외무부에서 장관 수행비서, 보좌관, 특별보좌관 등 세 번에 걸쳐 장관실에 근무하면서 네 명의 장관을 모시게 함으로써 비서로서의 경험을 풍부히 쌓은 후에 국가의 최고 지도자인 대통령의 의전비서관으로 만들어주셨다.

내가 그렇게 준비된 대통령 비서관이란 확신이 들자, 하나님께서 어떠한 어려운 일도 감당할 능력을 주셔서 의전비서관으로서의 임무를 성공적으로 수행하게 될 것이라는 믿음을 갖게 되었다.

대통령 의자 뒤에 숨다

취임식 당일인 2월 25일 아침 7시에 나는 일산에 있는 김대중 대통령 사저로 갔다. 그리고 대통령 내외분을 모시고 비서실장, 경호실장과 함께 아침 식사를 했다.

그날 첫 번째 행사는 국립묘지 참배였다. 이전에 의전과장 시절 외빈을 모시고 수없이 갔던 곳이라 참배에 관한 사항들을 잘 알고 있었다. 나는 대통령께 참배에 대한 절차와 유의사항을 말씀드렸다. 그리고 대통령 내외분을 수행하여 국립묘지를 참배하고 청와대로 왔다.

이후 대통령께서는 수석비서관들과 환담 후 무궁화 대훈장을 증정받고, 국무총리 및 감사원장 지명자에 대한 국회 임명동의안 재가 등의 일정을 마치고 바로 취임식 참석차 국회의사당으로 향했다. 청와대 출발 전에 대통령께 취임식 행사에 대해 잠시라도 보고를 드리려 했으나 빡빡한 일정 때문에 하지 못했다.

10시 정각에 국회의사당에 도착해 대통령 내외분이 단상에 임석하자 제15대 대통령 취임식이 시작되었다. 개식 선언과 국민의례 후 국무총리의 식사(式辭)가 있었다. 나는 대통령 내외분이 앉으신 의자 뒤편에 약간 떨어져 서 있었다.

그때 문득 이런 생각이 들었다.

'대통령께서는 일생을 야당 정치인으로만 살아오셨기 때문에 이처럼 공식적인 대규모 행사에 주빈으로 참석했을 가능성이 희박할 것이다. 그렇다면 이런 행사가 낯설 것이고, 자신이 어떻게 행동해야 하는지 감(感)이 없을 것이 분명하다. 지금 이 자리에 4만 3천여 명의 참석자들이 있고, 취임식이 전국에 텔레비전과 라디오로 생중계 되고 있는 상황에서 대통령께서 조금이라도 실수를 하면 곤란할 것이다.'

그때 '네가 가서 설명해주어라' 하는 마음이 들었다. 나는 앞으로 가서 경호원에게 조용히 말했다.

"내가 지금 대통령 내외분 뒤에서 말씀드릴 게 있으니 신경 쓰지 마세요."

그리고 대통령 내외분 의자 뒤에 몸을 낮추고 앉았다. 마침 의자가 커서 단하(壇下)에 있는 사람들에게는 내가 보이지 않았고, 카메라에도 잡히지 않았다. 물론 의자 뒤에 앉아 있는 귀빈들은 그런 내 모습을 볼 수 있었다.

나는 대통령께 조용히 말했다.

"대통령님, 저… 의전비서관입니다."

의자 뒤에서 들려오는 낮은 내 목소리에 대통령께서 깜짝 놀라시는 것 같았다. 내가 계속 말했다.

"제가 행사 설명을 드릴 테니까 말씀드리는 대로 하십시오. 지금 총리의 식사가 끝나면 대통령께서 취임 선서를 하십니다. 선서를 하실 때는 앞으로 나가셔서 이렇게, 이렇게 하십시오. 그때 예포(禮砲)가 울리고 비둘기들이 날아오를 겁니다."

취임 선서가 끝난 후 대통령께서 자리로 돌아오셨다. 나는 다시 대통령께 말했다.

"이제 조수미 씨의 축가가 있을 겁니다."

축가가 끝날 때쯤 다시 대통령께 말했다.

"축가가 끝나면 취임사를 읽으셔야 합니다. 단상으로 나가셔서 이렇게, 이렇게 하시고 착석하시면 됩니다."

계속 몸을 웅크리고 앉아 있으려니 다리가 저리고 아팠지만, 취임식이 다 끝날 때까지 그런 자세로 대통령께 설명을 드렸다. 그렇게 50여 분이 지나 취임식이 끝나고 일어서려는데 다리가 저려 바로 일어서기가 힘들었다. 하지만 상황이 상황인 만큼 지체할 수가 없어 바로 일어나 대통령 내외분을 모시고 전직 대통령들에게로 갔다.

대통령께서는 김영삼, 최규하, 전두환, 노태우 전 대통령들과 인사를 한 후 단하로 내려가 김영삼 대통령 내외분이 떠나시는 것을 전송했다. 그리고 국민 대화합을 기원하는 '화합의 나무'를 심고 행진을 한 다음, 국회 정문과 서강대교, 마포대교를 거치는 연도 행사를 하면서 청와대로 돌아왔다.

청와대로 돌아오자 비서실장이 내게 물었다.

"김 비서관은 왜 취임식장에서 대통령 내외분 의자 뒤에 웅크리고 있었습니까?"

"혹시 행사 중에 대통령님께 무슨 일이 있을까 해서 그랬습니다."

나는 당시 비서실장에게도 자세한 이야기를 하지 않았다. 그날 식장 단하에 앉아 있던 사람들은 단상에서 무슨 일이 있었는지를 전혀 알 수 없었다. 그러나 단상의 대통령 내외분 뒤에 앉아 있던 많은 귀빈들은 왜 내가 의자 뒤에 웅크리고 있을까 궁금했을 것이다.

나는 사무실로 돌아와 취임식장에서 내게 지혜와 담대함을 허락해주신 하나님께 감사기도를 드렸다.

감동의 전송

대통령께서는 그날 오후에 수석비서관 임명장 수여식에 이어 총리 임명자 주최 경축 연회에 참석했다. 그리고 미국의 경축 사절단을 비롯, 독일의 바이츠제커 전 대통령, 필리핀의 아키노 전 대통령, 일본의 나까소네, 다케시타 전 총리, 프랑스의 모로아 전 총리, 사마란치 IOC 위원장 등 각국의 주요 경축 사절들을 접견하였다. 곧이어 취임식에 참석한 외국 사절 등 80여 명을 위한 경축 만찬이 열렸다.

나는 만찬이 시작되기 전에 외무부 의전장에게 물었다.

"만찬이 끝난 다음 대통령께서 참석자들이 떠나는 것을 현관에서 전송하시면 어떻겠습니까?"

의전장이 말했다.

"그런 전례는 없었습니다. 그리고 대통령께서 그렇게 하시겠습니까?"

일반적인 상황이라면 의전장의 의견이 옳았다. 어느 나라든지 국가원수가 주최하는 만찬이 끝나면 국가원수가 먼저 자리를 뜨는 것이 관례이기 때문이다. 국가원수가 참석자들을 전송하는 사례는 거의 없었다.

그러나 내 마음에 이런 생각이 들었다.

'지금은 외환위기라고 하는 국가적 위기 상황이고, 또 경축 사절들이 한 시간의 경축식을 위해 몇 시간 혹은 15~20시간씩 비행기를 타고 왔다. 그 정성을 생각해서 우리도 무언가 그들에게 따뜻한 감사의 마음을 보여주는 것이 필요하지 않을까?'

나는 대통령께 건의했다.

"대통령님, 오늘 취임식 하시느라 피곤하시겠지만 몇 분만 참으시고 경축 사절들을 전송해주십시오. 그러면 그들이 깊은 감동을 받아 비행기를 타고 가는 내내 대통령님의 따뜻한 마음을 고마워할 것이고, 자기네 나라에 돌아가서도 국가원수는 물론 많은 사람들에게 대통령님의 친절과 한국의 우의(友誼)를 전할 겁니다."

대통령께서는 흔쾌히 그렇게 하라고 말했다.

경축 만찬은 청와대 본관에 있는 충무실(忠武室)에서 거행되었다. 만찬이 끝나고 대통령께서 먼저 퇴장을 했다. 참석자들은 으레 대통령이 먼저 떠나는 것으로 생각하여 전원이 기립박수를 쳤다. 대통령께서는 충무실에서 나와 현관에 서 계셨다. 잠시 후 경축 사절들이 만찬장에서 나왔다. 그들은 대통령이 자신들을 기다린다는 생각은 전혀 못하고 소란스럽게 걸어나오고 있었다. 그러다가 김대중 대통령이 현관문 앞에 서 있는 것을 보고 모두 깜짝 놀랐다.

대통령께서 경축 사절 한 사람 한 사람과 일일이 인사를 나누면서 감사의 말을 전했다.

"먼 길을 와주어 감사하며 안녕히 가시고, 돌아가면 대통령이나 총리에게 각별한 안부를 전해달라."

그들은 깊은 감동을 받고 각자의 차를 타고 대통령보다 먼저 청와대를 떠났다.

나는 그날 집으로 돌아와 하나님께 감사기도를 드렸다. 대통령 취임 첫날의 모든 일정이 순조롭고 성공적으로 진행되도록 도와주시고, 하나님께서 대통령의 마음을 만지셔서 내가 건의하는 모든 것을 기쁘게 받아들이도록 해주신 은혜에 깊이 감사드렸다.

청와대 근무를 주저한 이유

앞서 이야기했지만 나는 처음에 대통령 의전비서관 제의를 받았을 때 가고 싶지 않았다. 그 이유는 두 가지였다.

첫째는 1973년 공무원생활을 시작한 이후, 업무적으로 청와대 비서실과 접촉할 기회가 많았다. 의전과장을 하면서 대통령에 관한 행사를 할 때 청와대 비서실이나 경호실과 의견이 맞지 않아 충돌

하면서 실망과 좌절을 할 때가 한두 번이 아니었다. 나중에 아시아태평양국장을 할 때는 대통령의 외빈 행사에 자주 참여하게 되고 대통령의 해외 순방 시에는 공식수행원으로서 함께 다니다보니 자연스럽게 청와대 비서실이나 경호실의 문제점을 알게 되었다.

어느 대통령 때든지 청와대 비서실의 권한은 매우 강했고, 수석비서관이나 비서관들의 영향력도 지나치게 컸다. 때문에 그만큼 부작용과 문제점이 많았다. 그리고 청와대에 있으면서 분수에 넘치는 힘을 사용한 사람들의 끝이 대부분 좋지 않은 것을 많이 봐서 그런 곳에 몸담고 일하기가 싫었다.

둘째는 김대중 대통령에 대한 일부 국민들의 부정적인 인식 때문이었다. 비록 대통령이 되었지만, 김 대통령에 대한 인식이 별로 좋지 않았다. 그래서 내가 청와대 근무를 시작할 때 축하해주는 사람보다는 내 장래를 걱정하는 사람들이 더 많았다.

이런 이유로 청와대 근무를 시작하며 나는 간절히 하나님께 매달릴 수밖에 없었다. 기도 외에 할 수 있는 것이 없었다. 매일 내가 교만하지 않도록 해주시고, 청와대를 떠날 때 부끄러움을 당하지 않도록 해달라고 하나님께 기도했다.

대통령의 믿음에 놀라다

취임식 다음 날인 2월 26일 오후에 대통령은 미국에 거주하는 종교계 및 인권단체 인사 19명을 접견했다. 그들은 김대중 총재가 국내에서 탄압을 받고 있을 때 그리고 미국에 망명하여 살고 있을 때 김 총재를 돕고 지지한 사람들이었다.

자리에 앉자마자 대통령께서 말했다.

"여러분, 정말 감사합니다. 지난 10여 년 동안 여러분들이 저를 위해 기도해준 덕분에 제가 역경 속에서도 힘을 얻을 수 있었습니다. 사실 그동안 저는 너무 괴로웠습니다. 어떤 때는 '정의로우시고 공평하신 하느님이 왜 이렇게 오랫동안 악인들만 도와주시고 나를 계속 곤고하게 만드시느냐'고 울면서 불평을 하기도 했습니다.

그러나 지금 생각해보면 그분이 다 나를 들어 쓰시기 위해 오랫동안 단련시키신 것 같습니다. 그것은 하느님이 저만 아니라 이 나라와 민족을 살리시려는 뜻이라고 믿습니다. 그래서 저는 하느님이 지금의 이 환난을 반드시 극복하게 해주실 것이라 믿습니다."

나는 이 말을 들으면서 깜짝 놀랐다. 대통령이 천주교 신자로서 하나님을 믿는 것은 알았지만, 그 분의 입에서 이런 말이 나올 줄은 상상도 못했다.

이를 통해 나는 대통령께서 그동안 내가 생각했던 것과는 전혀 다른 분이라는 느낌을 받았다. 나는 그날 이후 대통령의 예수님을 향한 사랑과 믿음이 얼마나 큰지를 하나하나 목격할 수 있었다.

어느 일요일 오후였다. 대통령께서 내게 전화를 해서 김중권 비서실장에게 청와대로 들어오라고 전하라고 했다. 급히 김 실장을 찾아보니 그는 자신이 장로로 있는 약수교회에서 예배를 드리고 있었다. 내가 그에게 대통령께서 찾으시니 빨리 청와대로 들어가라고 말했다. 그랬더니 김 실장이 말했다.

"교회에서 예배를 드리고 있어서 금방 들어가기는 어렵습니다. 대통령께 그렇게 말씀드려 주시고, 그럼에도 불구하고 들어오라고 하시면 예배를 중단하고 가겠습니다. 그러지 않아도 된다고 하시면 예배 후 가겠다고 말씀드려 주세요."

대통령이 찾는데 다른 사람도 아닌 비서실장의 대답이 다소 의외였다. 나는 할 수 없이 대통령께 그대로 말씀을 드렸다. 그랬더니 대통령께서 말했다.

"알겠어요. 그럼 천천히 오라고 해요. 예배드리는 것이 나를 만나는 것보다 더 중요하니까."

순간 나는 깜짝 놀랐다. 이전에 군이나 외무부에서 높은 사람들을 많이 모셔보았지만 이런 일은 처음이었다. 윗사람이 찾는데 예배를 드리니 나중에 가겠다고 하는 것도 그렇지만 윗사람 중에서도 최고인 국가원수가 하나님께 드리는 예배가 더 중요하니 천천히 오라고 하는 것이 내게는 정말 놀랍고 감동적인 사건이었다.

비서실장은 그날 저녁에야 관저로 대통령을 찾아뵈었다.

당장 내 이름을 지우세요

1998년 5월 12일, 대통령은 국가안전기획부(안기부)를 방문하여 업무 보고를 받았다. 안기부에서는 정식 업무 보고 전에 명실공히

정보기관으로 거듭난다는 의미에서 이름을 '국가정보원'으로 바꾸고 원훈(院訓)도 "정보는 국력이다"로 정하여 대통령께 보고했다.

업무 보고가 끝나자 대통령께서 당부했다.

"과거 불행했던 안기부 역사의 표본은 바로 나입니다. 납치, 사형선고 등 안기부의 용공 조작 때문에 별일을 다 당했습니다. 내가 당했던 일을 안기부가 다시 해서는 안 됩니다. 완전히 새 출발을 해야 합니다. 대통령은 국가의 원수요 행정 수반으로서 받드는 것이지, 정치적으로 받들 필요가 없습니다. 대통령이 정치적으로 부당한 어떤 지시를 해도 들을 필요가 없습니다. 이 정권은 안기부를 정권의 도구로 이용하지 않을 것이며 여러분도 그것은 원하지 않을 것입니다.

안기부는 국민의 마음에 탄식과 걱정을 끼쳤고, 정치적으로는 부정적인 기관으로 보여 온 게 사실입니다. 이제 안기부는 국가정보원으로 다시 태어났습니다. (중략) 국가정보원이 국내에서 군림해서는 안 됩니다. 국가 기관과 정보를 공유하여 국가 위기 원인을 철저히 관리해야 합니다. 국가정보원은 이제 직언하고 경고해야 합니다. 대통령으로서 마지막으로 부탁합니다. 완전 중립을 지켜 주십시오.(《김대중 자서전 2》 2010 삼인 刊, 50-51쪽 참조)."

그날 업무 보고를 하기 한참 전에 안기부 이종찬 부장이 대통령께 원훈석(院訓石)에 새길 새로운 원훈 "정보는 국력이다"라는 휘호를 써주실 것을 강력히 건의했다. 대통령은 그의 건의에 따라 마지못해 휘호를 써주면서 휘호 아래 '대통령 김대중'이라는 글을 새기지 말라고 지시했었다. 업무 보고가 끝난 다음 대통령은 이종찬 부장과 함께 원훈석을 제막했다. 원훈석에는 '정보는 국력이다'라는 휘호가 잘 새겨져 있었다. 그런데 대통령께서 원훈석 뒤로 가시더니 갑자기 큰 소리로 말했다.

"이 부장! 이거 어떻게 된 겁니까? 왜 여기에다 '대통령 김대중'이라는 글씨를 새긴 거예요?"

"네, 대통령께서 앞에 새기지 말라고 하셔서서 사람들이 보지 못하도록 뒤에 새겨놓았습니다."

그러자 대통령께서 더 큰 소리로 말했다.

"지금 무슨 소리를 하는 겁니까? 이런 돌멩이에 왜 대통령 이름을 새깁니까? 나중에 나를 싫어하는 사람이 와서 내 이름을 보고 이 돌멩이를 치우라고 하면 어쩌려고요? 당장 내 이름을 지우세요."

이 부장은 당장 지우겠다고 대답했고, 우리는 청와대로 돌아왔다.

비서실장이 대통령께 말했다.

"저희들이 끝까지 꼼꼼하게 확인했어야 하는데, 심려를 끼쳐드려서 죄송합니다."

대통령께서 말했다.

"여러분은 오늘의 일을 중요한 교훈으로 삼아야 합니다. 내가 대통령을 하면 얼마나 하고 또 권력이 있다고 해도 얼마나 있겠습니까. 솔직히 말해 작년 12월 18일 이전에 대한민국에서 내가 대통령이 된다고 확신한 사람들이 과연 몇 명이나 있었겠습니까. 우리가 지금 청와대에 들어와 권력을 가졌다고 해서 절대 교만해서는 안

되며 항상 겸손해야 합니다. 우리는 언제나 역사를 생각해야 합니다. 앞으로 정치가 어떻게 될지 아무도 모르는 겁니다.

혹시 압니까? 5년이나 10년 뒤에 나를 싫어하는 사람이 나와서 그 돌멩이를 치우라고 할지. 그래서 우리는 정말 겸손해야 합니다."

10년 뒤인 2008년 봄에 국가정보원 원훈석은 김 대통령의 말씀대로 다른 것으로 바뀌었다.

예수를 믿지 않으면 살 수가 없었어요

한번은 내가 대통령께 여쭈었다.

"대통령님, 어떻게 그런 험난한 인생을 견디셨습니까?"

대통령께서 말했다.

"김 비서관, 한번 생각해보세요. 만일 내가 직원이 천 명인 회사에 다닌다고 칩시다. 그런데 직원 이삼백 명이 내가 마음에 안 든다고 비난하고 공격하면 회사 다니기가 아주 힘들 거예요. 그런데 절반인 오백 명이 나를 공격한다면 내가 그들의 말을 듣든지, 회사를 그만둘 수밖에 없을 거예요.

4천 8백만 국민 중에 절반이 넘는 국민들이 수십 년 동안 내가 아닌 나를 가지고 계속 욕하고 공격하는데 내가 어떻게 살겠어요? 살 수가 없지요. 그냥 현실과 타협하든지 다른 나라로 가서 살든지 해야겠지요. 그러니 살 수 있는 방법은 단 하나, 예수를 믿는 것밖에 없었어요. 아마 예수를 믿지 않았으면 나는 살 수가 없었을 거예요."

나는 대통령의 말을 들으면서 마음으로 깊이 회개했다. 한 나라의 최고 지도자인 대통령도 처절한 인생을 살면서 예수님만을 붙들고 왔는데, 나 같은 존재가 무어라고 세상을 쳐다보고 사람들을 의지하면서 교만하게 살아왔는지 후회가 되었다. 그래서 이후로 나도 어떤 어려움이 닥치더라도 오직 예수님만을 붙들고 나아가겠다고 다짐했다.

김 대통령의 예수님에 대한 믿음도 놀라웠지만, 부인 이희호 여사님의 믿음도 놀라웠다. 1980년 9월 김대중 대통령은 '김대중 내란 음모 사건' 선고 공판에서 사형이 선고되었고, 11월 3일 항소심 공판에서도 사형이 선고되었다. 대법원 상고심이 있던 날의 상황이 자서전에 기술되어 있다.

대법원 상고심은 1월 23일이었다. 저들은 나를 재판정으로 데려가지 않았다. 아내가 오후에 면회를 왔다. 아내는 울먹이며 말했다.
"상고가 기각되었어요. 전 모든 것을 하느님께 맡기고 있어요."
나는 이미 몇 천 번 마음속으로 각오한 일이었다. 담담하게 그 말을 듣고 있는데 아내가 홍일이 처와 홍업, 막내 홍걸과 함께 차디찬 시멘트 바닥에 무릎을 꿇었다. 그리고 눈물을 흘리며 기도를 드렸다. 기도는 '하느님 뜻대로 하소서'로 끝을 맺었다.
나는 정말 아내가 그렇듯 존경스러울 수 없었다. 가족의 믿음과 사랑이 없었더라면 나는 20년을 넘게 지속된 고난을 결코 이겨 내지 못했을 것이다. 그 중심에는 존경하고 사랑하는 아내가 있었다.

_《김대중 자서전 1》 2010 삼인 刊, 431-432쪽

대통령께서 자서전에는 이렇게 쓰셨지만, 생전에는 농담으로 "우리 집사람은 정말 무서운 사람이야. 남편이 사형을 받게 되었는데 아내라는 사람이 남편을 살려달라고 하지 않고 하느님 뜻대로 하시라고 기도를 하니…" 하면서 웃으시곤 했다.

진정한 하나님의 사람

김 대통령은 국정을 운영해나가면서 워낙 어려움을 많이 겪었기 때문에 재임 중에 국민들의 절대적인 지지를 받기가 어려울 것이라 생각했던 것 같다. 그래서 모든 것을 역사의 평가에 맡기고자 했다.

1999년 6월 22일 아침에 국회의원회관 대회의실에서 국회 가톨릭 의원 모임이 주최하는 '국민 화합과 나라를 위한 기도회'가 있었다. 기도회 순서 마지막에 대통령께서 말했다.

"나는 지난 40년간 온갖 박해와 고난을 받으면서도 항상 정의를 위해 목숨을 바칠 각오를 갖고 살아왔습니다. 결국 우리가 예수님의 뒤를 따르기 위해서는 예수님께서 지셨던 십자가를 지지 않을 수 없으며, 이를 위해 우리에게 주어지는 고난을 받을 수밖에 없습니다. 나는 앞으로 훌륭한 대통령이 되기 위해 노력하겠으며 혹시 재임 중에 평가를 받지 못하면 후에 역사에서 올바른 평가를 받기

위해 노력할 것입니다."

또 한번은 청와대에서 열린 대법원장과 대법관들을 위한 부부동반 만찬 자리에서 말했다.

"나는 일생에 다섯 번 죽을 고비를 넘기고, 6년을 감옥에서 지냈으며, 수십 년간 가택 연금과 망명 및 감시 속에서 살아왔습니다. 1980년 당시 전두환 군사정권에 의해 사형 언도를 받고, 감옥에서 여러 가지 생각을 했습니다. 당시 내가 그들이 원하는 대로 고개를 한 번만 끄덕이면 다시 살 수 있겠지만 사람이 살아가는 데 있어 제일 중요한 게 뜻있게 사는 것이며, 비록 내가 죽더라도 역사에서 승리할 것이 확실했기 때문에 죽음을 각오하고 그들의 협조 요구를 거절했습니다. 따라서 이런 상황을 극복하고 대통령이 된 나로서는 집사람과 함께 우리가 모시는 하느님을 잘 섬기면서 죽을 때까지 나라를 위해 최선을 다하고, 모든 평가는 역사에 맡길 생각입니다."

2010년에 김 대통령의 자서전이 출간되었다. 나는 책이 나오자마자 사서 밤을 새워 읽으면서 깊은 감동을 받았다. 그리고 책을 읽으면서 "하느님"과 "예수님"이 언급된 횟수를 세어보았다. 하느님이 55번, 예수님이 47번, 주님이 9번, 신(神)이 7번, 성신(聖神)이 2번이었다. 세계 어느 나라의 정치 지도자가 자서전에 이렇게 많이 하느님과 예수님을 언급했겠는가!

김 대통령은 1,300페이지가 넘는 자서전을 끝내면서 마지막에 이렇게 기록했다.

진실한 예수님의 제자가 되려면 예수님처럼 십자가를 지고 가야 한다. (중략) 나는 모함받고 누명을 쓰고 박해를 받을 때 예수님의 삶을 떠올렸다. (중략) 권력을 가진 자들은 무조건 나를 핍박하고 저주했다. 나를 알려고도 하지 않았다. 무조건 매도했다. 그럴 때마다 예수님의 최후를 떠올렸다. 군중들이 침을 뱉고 욕하며 돌을 던졌다. 그때 예수 편에 서려면 목숨을 걸어야 했다. 나는 감히 예수 편에 서려 했다. 진정한 용기는 성격에서 나오는 것이 아니라 진리에 대한 헌신에서 나온다. 바른 신앙은 목숨을 걸어야 하고, 바르게 산다는 것은 어떤 어려움이 닥쳐도 약자의 편에 서는 것이다.

나는 1973년 납치되어 죽음 직전에 예수님을 만났다. 어렵거나 괴로운 일은 하느님과 상의하고 잘못했을 때는 용서를 빌면서 살아왔다. (중략) 내가 믿는 하느님은 내게 선(善)을 많이 내려 주셨다. 나를 씻겨 주셨다.

_《김대중 자서전 2》 2010 삼인 刊, 601-602쪽

김대중 대통령은 하나님의 사람으로서 오직 예수님만을 의지하면서 살았다. 그는 사랑과 관용과 용서의 사람이었다. 나는 그런 모습을 옆에서 지켜보면서 항상 내 자신의 믿음이 부끄러웠다. 그래서 대통령을 모시고 있는 동안 내 믿음을 견고하게 만들기 위해 노력하고 또 노력했다.

대통령을 위한 중보기도자

1998년 2월 25일 취임식 날 처음으로 대통령을 모시기 시작하면서 나는 그 분을 위한 중보기도를 시작했다. 매일 새벽예배를 드리면서 대통령을 위해 기도하고, 사무실에 출근하여 행사를 앞두고, 행사 중에, 대통령 방에 들어가 주요한 보고를 할 때마다 기도했으며, 집에 퇴근해 돌아와서 또 기도했다. 나는 대통령을 위한 강력한 중보기도자였다.

이처럼 대통령을 사랑하고 그를 위해 기도하니 하나님께서 내 기도를 들어주시고, 나를 보호해주셨으며, 대통령을 모시면서 많은 놀라운 경험을 하게 하셨다. 그중 하나가 《하나님의 대사 2》(34-38쪽)에 나오는 '눈동자처럼 지키시다'라는 이야기다.

대통령을 위해 열심히 기도하다보니, 그 분이 매순간 무엇을 원하는지를 거의 알 수 있었다. 그래서 대통령께서 언제 어디서 어떠한 질문을 하시더라도 대답할 수 있었고, 무엇을 필요로 할 때 즉시 대처할 수 있었다. 그것은 인간의 지혜로는 불가능한 일이었고 오직 성령께서 주시는 지혜로만 가능했다.

인간적인 생각과 방법으로 사람이 가까워지면 아주 조그만 일로도 쉽게 결별할 수 있지만, 상대방을 깊이 사랑하여 그를 위해 계속 기도하면, 영이 서로 통하게 되어 쉽게 분리될 수 없다. 이것이 영의 사람들과 육의 사람들의 차이다.

우리가 이것을 말하거니와 사람의 지혜가 가르친 말로 아니하고

오직 성령께서 가르치신 것으로 하니 영적인 일은 영적인 것으로 분별하느니라 고전 2:13

대통령 옆에서 의전비서관 및 외교안보수석비서관으로 3년 8개월을 지낸 후 2001년 10월에 주중대사로 부임해서도 나는 김 대통령을 위한 중보기도를 계속했고, 퇴임하신 이후에는 더 많이 기도했다. 현직에 계실 때는 많은 사람들이 중보기도를 할 것이었지만, 은퇴한 다음에는 아무래도 중보기도의 양이 줄 것이니 나라도 기도를 해야겠다고 생각했다.

나는 매일 대통령을 위해 기도하면서 성령께서 주시는 마음의 답답함이나 신체의 고통을 통해 그 분의 상황을 짐작할 수 있었다. 그래서 기도할 때 마음이 많이 힘들고 답답하면, 비서관을 통해 "염려를 많이 하지 마시라"라고 말씀드리기도 했고, 기도하면서 몸이 힘들고 아프면 비서관을 통해 일정을 줄이거나 여행을 단축하는 것이 어떻겠느냐고 건의를 하곤 했다. 그러면 바로 비서관을 통해 고맙다는 연락을 하시고는 일정을 줄이셨다.

2006년 3월이었다. 언론에 김대중 전 대통령이 북한을 방문하는 문제를 검토하고 있다는 보도가 나왔다.

나는 이 문제를 갖고 하나님께 기도했다. 그런데 기도하는 중에 하나님께서 '앞으로 그곳에 많은 일이 생길 것이고, 놀라운 일들이 생길 것이니 가지 말라'는 마음을 주셨다. 계속 기도했지만 하나님께서는 똑같은 마음을 주셨다. 3월 31에 나는 대통령께 "지금 북한에 가실 때가 아니니 당분간은 상황을 관찰하시는 것이 좋겠다"라는 의견을 편지로 써서 마침 베이징을 방문 중이던 대통령을 자주 뵙는 한 인사 편에 전해달라고 요청했다.

시간이 흘러 5월이 되자 대통령께서 6월 말경에 방북할 것이라는 언론 보도가 또 나왔다. 나는 다시 기도했다. 그리고 5월 25일 아침 기도하는 중에 하나님께서 '이제 조금 있으면 이상한 움직임이 나타날 것이며, 결국 갈 수 없는 상황이 될 것이라'는 마음을 주셨다.

나는 대통령을 모시는 양봉렬 비서관(후에 주 말레이시아대사를 지냄)에게 전화를 했다.

"대통령님의 방북이 성사되지 않을 가능성이 높으니 이 문제가 확실하게 결정될 때까지는 아주 신중하셔야 한다고 보고드려 주세요."

조금 후 양 비서관이 전화를 해서, 대통령께서도 그렇게 생각하고 계시다고 전했다.

6월이 되었다. 북한이 미사일을 발사할 것이라는 보도가 나오기 시작했다. 그런데도 여전히 김 대통령의 방북 문제가 언론에 흘러나왔다. 나는 계속 기도했다. 하나님께서는 전보다 더 강력하게 북한에 가서는 안 된다는 마음을 주셨다. 6월 18일 밤에 나는 다시 양 비서관에게 전화를 했다.

"현재 상황에서 대통령께서 북한을 방문해서는 곤란할 것 같으니 북한의 미사일 발사를 이유로 북한 방문을 연기하겠다고 발표하는 것이 좋겠다고 말씀드려 달라."

다음 날인 19일에 양 비서관이 전화를 해서 내가 말한 내용을 보고드렸으며, 대통령께서도 같은 생각이시라고 했다. 이틀 후인 21일 김 전 대통령 측에서 북한 방문을 연기한다고 발표했다. 김대중 전 대통령께서 당시 북한 방문을 연기한 것은 틀림없이 측근 인사들과도 충분히 협의한 결과일 것이다. 그러나 나는 이 과정에서 하나님께서 김 대통령을 사랑하신다는 것을 분명히 확인했다. 결국 북한이 7월 5일에 미사일을 발사했기 때문에 만일 김 대통령께서 방북을 강행했다면 여러 가지 어려운 상황이 발생했을 것이다.

하나님께서는 김 대통령을 사랑하셔서 북한에 가는 것을 막으셨고, 3월부터 대통령을 위해 기도하는 나에게 김 대통령이 북한에 가서는 안 된다는 말을 전하라는 마음도 주셨다. 그래서 중국에 있는 내가 감히 대통령께 편지를 쓰고, 비서관을 통해 몇 번이나 건의를 드릴 수 있었다.

놀라운 일이 발생할 것이라

이 과정에서 나는 하나님의 살아 계심을 확인하는 또 다른 경험을 했다. 6월 초에 중국 정부의 한 고위인사와 식사를 했는데 그는 북한과 관련된 일을 하는 사람이었다. 그와 식사를 하기 전날 그를 위해 기도하는데 갑자기 하나님께서 북한에 대한 마음을 주셨다.

'너는 많은 일을 경험할 것이다. 이제 그곳에서 많은 일들이 발생할 것이요, 놀라운 일이 생길 것이다. 네가 지금은 상상할 수 없는 일이라.'

그 인사와 식사하면서 북한에 관해 이야기했다. 그리고 지난 밤 기도 내용을 설명해주었다. 그는 웃으면서 그럴 일이 있겠느냐고 반신반의했다. 그래서 내가 중국어로 정리한 기도문을 그에게 주었다.

8월 말에 그를 다시 만날 기회가 있었다. 그는 내게 7월 초에 북한의 미사일 발사를 보면서 내가 준 기도문이 생각이 나서 매우 놀랐다고 했다. 나는 그 전날 밤 하나님께서 주신 마음을 전하면서 "앞으로 북한에서 또 많은 일이 발생할 것이며, 상상할 수도 없는 일로 인하여 놀랄 것"이라고 말했다. 그리고 그에게 또 기도문을 주었다.

약 한 달 뒤인 10월 9일에 북한이 핵실험을 감행했다.

나중에 나를 만난 그 인사는 내게서 기도문을 받은 이후의 상황을 보고 무척 놀랐다며 깊은 감동을 표시했다. 그 후 그는 나의 말을 전과 비교할 수 없을 정도로 진지하게 듣고 반응했다. 현재까지 중국 정부에서 일하고 있는 그는 당시 내가 준 기도문을 귀하게 보관하고 있을 것이다.

6월 어느 날, 대사관의 박은하 참사관(현재 외교통상부 개발협력국장)과 여소영 서기관(현재 외교통상부 북핵협상과 1등서기관)이 며칠 뒤에 중국 정부의 관리들과 점심 식사를 하기로 했는데, 그중에 내가 잘 아는 북한 업무를 하는 관리도 있다고 했다. 나도 그 시간에 마침 근처에 볼 일이 있어 식사 장소에 인사차 잠시 들르기로 하고 그 관리를 위해 기도를 했다. 며칠 후 그 관리와의 점심 식사 장소로 갔다. 그리고 그에게 말했다.

"지금 당신의 마음이 너무 답답하군요. 그리고 건강에 문제가 있으니 조심하세요."

그가 깜짝 놀라면서 대답했다.

"사실 지금 이러이러한 이유로 제 마음이 너무 답답합니다. 그리고 건강이 좋지 않아 매일 약을 많이 먹습니다."

옆에 있던 우리 직원들도 깜짝 놀랐다. 내가 다시 말했다.

"당신은 업무 때문에 많은 어려움을 겪을 겁니다. 북한에서 많은 일이 일어날 것입니다. 어쩌면 일생 처음 있는 놀라운 일을 경험할지도 모릅니다. 그러니까 항상 조심하십시오."

그가 웃으며 잘 알겠다고 했다. 그로부터 한 달쯤 후에 북한이 미사일을 발사했고, 석 달 후에는 핵실험을 했다. 아마 그 관리는 북한에서 사건이 발생할 때마다 내 말을 상기하며 크게 놀랐을 것이다.

대통령과의 마지막 오찬

주중대사를 마치고 통일부 장관이 되어 서울에 돌아온 후에도 나는 김 대통령을 위하여 기도했다. 2009년 2월 중순 어느 날, 김 대통령을 위해 기도하는데 그 분이 세상을 떠나실 것이라는 확신이 들었다. 나는 깊은 슬픔에 계속 울면서 기도했다.

기도가 끝난 다음 생각을 했다.

'대통령께 언제 무슨 일이 생길지 모르니 시간이 있을 때 좋아하시는 중국 음식이라도 한번 대접해야겠다.'

나는 임동원 전 통일부 장관에게 전화를 해서, 대통령 내외분을 모시고 식사를 하려는데 같이하자고 말했다. 임 장관은 자기가 먼저 대접할 테니 내게 다음에 하라고 했다. 그렇게 하기로 하고 2월 말에 임 장관 부부가 대통령 내외분과 우리 부부를 초청하여 식사를 하고, 4월 18일에 내가 임 장관 부부와 대통령 내외분에게 점심 식사를 대접했다.

식사 후에 내가 대통령께 말했다.

"6월에 미국에 잠시 다녀오려고 합니다."

대통령께서 물었다.

"언제 돌아옵니까?"

"6월 중순경에는 돌아올 예정입니다."

9년 만의 미국 여행이고, 특히 6월 6일과 7일에 필라델피아 한인교회에서 집회를 한 다음, 뉴욕 딸네 집에서 일주일간 머무를 예정이었다. 그런데 대통령께서 6월 11일에 '6·15 기념행사(2000년 6월 15일 남북 정상회담을 기념하는 행사)'가 있으니 10일까지는 돌아오라고 했다. 그러려면 뉴욕에서 9일에는 출발해야 하는데 그러면 딸네 집에 머무는 기간은 단 하루뿐이었다. 그렇지만 나는 대통령의 마지막 행사라고 생각했기 때문에 그렇게 하겠다고 대답했다.

그리고 예정대로 10일에 서울로 돌아와 11일 저녁, 63빌딩에서 개최된 행사에 참석했다. 그날 대통령께서 연설을 하시는데 모습이 전과 완전히 달랐다. 대통령을 뵌 이후 그렇게 쇠약한 모습은 본 적이 없었다. 마음이 몹시 아팠다. 서서히 때가 오고 있었다.

7월 중순에 대통령께서 입원하셨을 때 '이제 대통령께서 다시는 일어나지 못할 것'이라는 생각에 슬픈 마음으로 기도를 했다.

2009년 8월 18일에 김대중 전 대통령께서 서거하셨다. 20일에 국회의사당에 빈소가 차려지고 유해가 옮겨진 다음, 나는 국민의정부 장관 및 수석비서관들과 함께 상주석에 서서 조문객을 맞았다. 청와대 고위인사들과 한나라당 소속 국회의원들은 얼마 전까지 통일부 장관을 하던 내가 상주석에 서 있는 것을 보고 매우 놀랐다. 23일에 국회의사당에서 영결식을 마치고 대통령의 유해는 국립묘지에 안장되었다.

나는 대통령 묘에 헌화하면서 마음속으로 말했다.

'대통령님, 정말 감사합니다. 저같이 부족한 자를 그토록 사랑해 주셔서 감사합니다. 앞으로 저도 대통령님처럼 예수님만을 사랑하면서 조그만 십자가라도 지고 살도록 노력하겠습니다.'

나는 김대중 대통령에게 참으로 많은 사랑과 은혜를 입었다. 이제 그것을 그 분께 갚을 방법이 없다. 그래서 지금은 대통령을 위하여 했던 중보기도를 그 분의 정치적 동지이며 삶의 동반자였던 이희호 여사님과 가족들을 위하여 하고 있다.

또 다른 중보자들

김대중 대통령에게는 많은 동지들이 있었다. 그들은 수십 년 동안 김 대통령을 위해 충성과 헌신을 한 사람들이었다. 그들 중에는 하나님을 믿는 사람이 많았다. 김 대통령은 많은 사람들로부터 중보기도를 받은 행복한 분이었다.

내가 청와대에서 근무하는 동안 함께 일한 사람 중에서 하나님에 대한 신실한 믿음으로 대통령의 5년 재임 기간 내내 대통령을 모신 두 사람이 있었다. 한 명은 임동원 전 통일부 장관이고, 다른 한 명은 박금옥 전 총무비서관(한국 원자력문화재단 이사장, 국회의장 비서실장 역임)이다.

임동원 전 통일부 장관은 한마디로 하나님의 사람이다. 1998년 2월 말 '국민의정부'가 출범하면서 그는 대통령 외교안보수석비서관, 나는 의전비서관으로서 청와대에서 함께 근무하다보니 업무적으로 자주 만나게 되었다. 그러면서 나는 임 수석이 어떤 마음으로 대통령을 모시는지, 어떤 자세로 자신의 업무를 수행하는지를 유심히 관찰했다.

임 장관은 욕심이 없는 사람이었다. 그가 외교안보수석으로 있을 때 한번은 대통령이 그를 국방부 장관에 임명하려 했다. 그러나 그는 끝내 고사하고 다른 사람에게 양보했다. 통일부 장관을 마치고 국정원장직에 임명될 때 임 장관은 정치적인 식견이 부족하여 맡을 수 없다고 또 강력히 고사했지만 대통령이 임명을 강행했다. 임 원장은 국정원장을 마치면서 대통령에게 쉬고 싶다고 했지만, 대통령은 다시 그를 통일부 장관으로 임명했다.

그리고 2001년 9월 국회에서 한나라당이 발의한 통일부 장관 해임안이 통과된 후, 대통령이 통일외교안보특보로 임명하려 하자 또다시 그는 극구 사양했지만 대통령은 그를 특보로 임명했다. 임 장관 자신은 자리에 대한 욕심이 없었음에도 한 대통령 밑에서 장관급 임명장을 네 번이나 받는 진기록을 남겼다.

그는 하나님의 사람답게 항상 정직하고 담대하게 행동했다. 나는 그가 아주 어려운 상황에서도 자신의 의견을 정직하고 담대하게 개진하면서 대통령을 설득하려 하는 것을 많이 보았다. 그는 분명히 세상적인 사람들과는 달랐다. 그래서 대통령이 임 장관을 깊이 신임했을 것이다.

이후 임 장관은 정부가 바뀐 다음 두 번이나 법정에 서는 고통을 당했다. 두 사건 모두 개인적인 비리나 부정부패의 문제가 아니라 국정원장 재직 시기의 업무 수행과 관련된 것이었다. 물론 나중에 모두 집행유예를 선고받고 곧 사면·복권되었지만, 임 장관으로서는 억울한 점이 많았을 것이다.

하지만 그는 어떤 불평도 하지 않고 하나님의 사람답게 모든 것을 기도로 이겨나갔다. 나도 당시 임 장관을 위해 끊임없이 중보한 사람 중 한 명이었다. 왜냐하면 그는 하나님이 사랑하시는 믿음의 사람이었기 때문이다.

청와대에는 총무비서관이라는 자리가 있다. 과거에는 총무수석비서관으로 차관급이었지만 국민의정부 때 1급으로 직급을 내려

총무비서관이 되었다. 이 자리는 돈을 관장하기 때문에 대통령이 자신의 최측근을 앉히는 것이 관행이었다. 김대중 대통령은 역사상 처음으로 이 자리에 박금옥이라는 여성을 임명했다.

박 비서관은 천주교 신자로서 하나님에 대한 믿음이 강했다. 그래서인지 항상 깨끗하고 정직하고 당당하게 행동했다. 그녀는 총무비서관으로 있으면서 원칙에 어긋나는 일은 절대로 하지 않았다. 청와대 고위인사 중에 가끔 예외를 만들어보려는 사람이 있었지만 그녀에게는 통하지 않았다. 하지만 직원들에게는 겸손함과 사랑으로 대했다. 박 비서관은 청와대에서 높은 사람들에게는 함부로 대하기 어려운 사람이었지만, 일반 직원들에게는 항상 기댈 수 있는 따듯한 상사였다.

아마 박 비서관은 국민의정부 시절 청와대에서 비서관으로만 5년을 근무한 유일한 사람이었을 것으로 생각된다. 지금도 그녀는 청와대에서 오래 근무한 직원들 사이에서 청와대 역사상 가장 훌륭한 총무비서관으로 평가받고 있다.

청와대에서 근무할 때 한번은 내가 그녀에게 힘들지 않느냐고 물었다. 그녀가 말했다.

"제가 청와대 들어오기 전, 대통령께서 아태평화재단 이사장으로 계실 때 그만두어야겠다고 한 번 말씀드린 적이 있습니다. 그때 어른께서 한참 생각하시더니, '예수님께서 십자가에 못 박히신 것만큼 고통스러워요? 그 일만큼 고통스럽다면 모르겠지만, 그렇지 않다면 힘들어도 참아주었으면 해요'라고 말씀하셨습니다. 그 후로는 아무리 어렵고 힘든 일이 있어도 참고 나가기로 결심했습니다."

그녀는 권력의 중심부에 있으면서도 권력을 탐하지 않았다. 2000년 봄, 많은 사람들이 그녀를 전국구 국회의원으로 영입하려 했지만 대통령과 임기를 같이하겠다고 하면서 사양했다. 박 비서관은 1991년 미국에서 김대중 총재를 만나 2009년 돌아가실 때까지 누구보다 정직하고 담대하게 대통령을 보좌한 충성된 비서였다.

AMBASSADOR OF GOD

CHAPTER 02

사랑의
중보기도

성령께서 시키신 기도
첫 번째 만남과 사스
위로와 격려의 메시지
처음이자 마지막 독대
예수를 조금만 약하게 믿으시지요
반대한 사람들을 축복하다
오직 하나님만이 하실 수 있는 일
끊임없는 중보기도와 슬픈 소식

성령께서 시키신 기도

나는 국민의정부 시절 청와대에서 의전비서관으로 근무할 당시 해양수산부 장관이었던 노무현 대통령을 먼발치에서 몇 번 본 적이 있었다. 그러나 한 번도 이야기를 나눈 적은 없었다.

2003년 2월 25일에 노무현 대통령이 취임한 날 처음으로 노 대통령을 위해 기도했다. 그런데 기도가 잘 나오지 않았다.

'노 대통령이 하나님을 믿는 사람이 아니라 그런가 보다.'

나는 속으로 이렇게 생각하고 더 기도하지 않았다.

그런데 3월 3일 아침 기도 중에 생각지도 않았던 노 대통령에 대한 기도가 나오기 시작했다. 그런데 마음이 너무나 답답했다. 그런 현상이 열흘 정도 계속되었다.

어느 날 아침 노 대통령을 위해 기도하는데, '지금 제가 너무 괴

롭습니다. 사방이 막혀 있어 어떻게 해야 할지를 모르겠습니다'라는 말이 나왔다. 동시에 하나님께서 내게 '너는 대통령을 깊이 사랑하라' 하는 마음을 강력하게 주셨다.

그리고 며칠이 지났는데, '제가 너무 힘들고 괴로워 어떻게 해야 좋을지 모르겠습니다. 이럴 줄 알았으면 대통령을 하지 말 걸 그랬습니다'라는 기도가 나왔다. 또 얼마 후에는 '잘해보려고 하는데 자꾸 사람들이 저를 공격하니 답답하고 힘이 듭니다. 저에게 지혜를 주십시오'라는 기도가 나왔다. 이러한 현상은 노 대통령 재임 기간 5년을 포함해 2009년 5월 돌아가실 때까지 6년 넘게 계속되었다.

노 대통령을 위해 기도하면서 가장 힘들었던 때는 2004년 3월 12일 국회에서 탄핵소추안이 가결되기 전이었다. 당시 나는 중국에 있었기 때문에 한국에서 일어나는 상황을 인터넷이나 언론을 통하여 대강은 알고 있었지만, 상세한 내용까지는 알지 못했다. 그런데 2004년 2월부터 노 대통령을 위한 기도가 매우 힘들어지기 시작하면서 3월부터는 힘든 정도를 말로 표현하기 어려웠다.

나는 왜 대통령을 위한 기도를 할 때마다 그렇게 힘든지 이해하지 못했다. 그러나 3월 초 새천년민주당이 노 대통령에 대한 탄핵안 발의를 선언하는 것을 보고, 그때까지의 기도가 노 대통령에게 다가오는 고난을 위한 것이었음을 알게 되었다.

결국 3월 12일에 탄핵소추안이 국회에서 가결되었다. 그러자 그날 저녁 노 대통령을 위한 기도가 아주 평온했다. 그때까지 기도하면서 느꼈던 힘듦이나 괴로움이 전혀 없었다. 마치 노 대통령에게 아무 일도 일어나지 않은 것 같았다. 그런 현상은 두 달 넘게 계속되었다.

5월 14일 헌법재판소는 대통령이 헌법과 법률을 일부 위반했으나, 탄핵의 사유가 될 정도로 중대하지는 않다고 판단하고 소추안을 기각했다. 하지만 며칠이 지나자 기도가 다시 전처럼 힘들어지기 시작했다.

첫 번째 만남과 사스

2003년 5월 1일, 노무현 대통령 취임 후 처음으로 주요 공관장들에 대한 인사가 결정되면서 나는 유임(留任)되었다. 그리고 5월 21일부터 23일까지 첫 번째 재외공관장회의가 서울에서 개최되었다. 회의 둘째 날인 5월 22일 저녁, 청와대에서 대통령 내외 주최 만찬이 있었지만 나는 사스 발원지인 중국에서 온 대사로서 감염 위험성이 있다고 하여 만찬에 참석하지 못해서 노무현 대통령을 만날 기회가 없었다(《하나님의 대사 1》 81-90쪽 참고).

그리고 청와대 지시에 따라 공관장회의가 끝난 다음인 26일 오전에 청와대에 들어가 노무현 대통령을 만났다. 그것이 노 대통령과의 첫 번째 만남이었다. 그때 배석자는 반기문 외교보좌관(현재 유엔 사무총장)과 서갑원 의전비서관(후에 국회의원)이었다.

노 대통령은 보고를 시작하기 전에 내게 "청와대에서 근무할 때 가끔 본 기억이 난다"라고 말했다. 보고가 시작되어 나와 대통령은 사스와 대통령 중국 방문을 포함하여, 많은 문제에 관해 이야기를 나누었다. 마지막에 대통령이 말했다.

"김 대사는 중국어를 할 줄 아십니까?"

"네, 할 줄 압니다. 대학에서 중국문학을 전공했습니다."

"그래요? 그런데 사람들이 내게는 김 대사가 중국어를 못한다고 하면서 중국어도 못하는 사람이 어떻게 주중대사를 할 수 있느냐고 하던데, 어떻게 된 일이지요?"

내 유임이 결정되기 전에 누군가가 대통령에게 그런 이야기를 한 것이 틀림없었다. 청와대에서 대통령과의 만남을 마치고 외교부로 가는 자동차 안에서 나를 보호해주신 하나님께 감사했다. 그리고 그런 이야기를 듣고도 나를 유임시켜준 노 대통령에게도 감사의 마음을 갖게 되었다.

노 대통령이 나에 대해 좋은 인상을 갖게 된 계기가 바로 첫 번째 만남이었다는 사실을 나는 최근에서야 알게 되었다. 2011년 4월에 노무현 대통령 시절 경제부처 장관을 지낸 한 인사와 만났다. 그가 나를 보더니 말했다.

"제가 장관님을 만나자고 한 것은 아주 특별한 경험을 소개해드리고 싶었기 때문입니다. 제가 노무현 대통령을 모시고 인도를 방문한 적이 있었습니다. 그런데 인도의 싱 총리를 비롯한 지도자들과의 회담 분위기가 별로 뜨겁지 않았습니다.

회담이 끝나고 잠시 환담을 하는 중에 노 대통령께서 우리 한국은 다른 나라와 다르다고 하면서 2003년에 중국에서 사스가 발생했을 때 다른 나라는 다 중국을 떠났는데 한국 사람들만이 남아 중국 사람들과 어려움을 같이하면서 도왔다고 설명했습니다. 그러자 인도 지도자들의 표정이 바뀌면서 분위기가 매우 우호적으로 바뀌었습니다.

그리고 2008년 2월, 노 대통령의 퇴임 직전 마지막 국무회의에서 대통령께서는 장관들에게 각자 하고 싶은 말이 있으면 해보라고 했습니다. 저는 인도를 방문했을 때 대통령께서 하신 사스 이야기를 상기하면서 아주 감동적이었다고 말했습니다. 노 대통령께서도 좋아하시면서 내 이야기에 맞장구를 쳐주셨습니다.

그런데 나는 노 대통령께서 무슨 근거로 그런 말씀을 하셨는지 항상 궁금했습니다. 그러다가 이번에 《하나님의 대사 1》에서 사스 이야기를 읽고 매우 놀랐습니다. 결국 노 대통령께서 하신 말씀은 장관님의 이야기를 듣고 한 것임을 알게 되었습니다.

저도 오랫동안 관료 생활을 했기 때문에 공무원들의 생리를 잘 아는데 책을 읽으면서 공무원으로서 도저히 하기 어려운 일들을 기도로 해결하신 것을 보고 큰 감동을 받아 뵙자고 한 것입니다."

그때 내가 청와대 측의 반대에도 불구하고 "사스는 조만간 끝날 테니 당초 계획대로 7월 초에 중국을 방문하시라"라고 건의했던 것이 대통령에게 큰 영향을 준 것이 틀림없었다.

당시 본부에서 대통령 주최 만찬 참석을 위해 5월 9일까지 들어오라고 할 때 갔더라면 내가 대통령을 따로 만나는 일은 없었을 것이다. 또 대통령을 단독으로 만날 때 청와대 측에서 말하는 대로 대통령에게 중국 방문에 관해 이야기하지 않았다면 사스가 끝난 직후인 7월 초에 대통령의 중국 방문은 이루어지지 않았을 것이다.

그러나 내가 주중대사 자리를 내놓을 것을 각오하고 하나님의 말씀에 순종했기 때문에 노 대통령이 중국을 방문할 수 있었고, 그로 인해 내가 주중대사를 6년 반이나 하게 되는 놀라운 일이 일어났다.

위로와 격려의 메시지

2003년 당시 중국에는 베이징에 대사관 그리고 상하이(上海), 광저우(廣州), 선양(瀋陽), 칭다오(靑島)에 한국 총영사관이 있었다. 한중관계가 발전함에 따라 총영사관이 해야 할 일들이 복잡해지기 시작했다. 따라서 대사와 총영사들이 일 년에 한 번씩 지역을 바꾸어가면서 만나, 서로의 경험을 나누고 앞으로의 계획과 대책을 강구하는 모임인 중국 지역 총영사회의를 개최하게 되었다.

그해 12월 말에 나는 총영사회의를 주재하기 위해 홍콩으로 갔다. 그런데 다음 날 한국의 조간신문에 "박사 준비 더 바쁜 주중대사"라는 기사가 났다. 내가 6자회담 등 중요한 공무가 있는데도 박사 준비에 더 바쁘다는 내용이었다.

나는 바로 무릎을 꿇고 하나님께 기도했다. 그리고 하나님께서 주시는 지혜를 갖고 언론에 대한 해명서를 작성하여 베이징에 주재하는 한국 특파원단에 배포하도록 했다. 동시에 외교부 본부를 통하여도 전 언론사에 해명서를 배포했다.

당시 해명서의 주요 내용이다.

- 본인이 2001년 10월 주중대사로 부임한 이후, 베이징대(北京大) 측에서 본인이 오랜 기간 한중관계에 관여해온 중국 전문가임으로 박사학위 공부를 하여 좋은 논문을 써주면 좋겠다고 제의한 바 있음.
- 베이징대 측에서 본인의 경력을 감안해 강의에 출석할 필요는 없으며, 시간 나는 대로 지도교수와 협의하면서 적절한 시기에 논문을 제출하면 된다고 하여 2002년 9월 박사학위 과정에 등록했음.
- 등록 이후 본인은 학교에 간 적이 없으며, 다만 학교 측이 주중 한국대사로서 베이징대 석·박사과정에 있는 학생들을 위한 특강을 요청해와서 작년 11월 말 학교에 가서 특강을 한 바 있음.
- 금년 9월 베이징대 측에서 당장 논문을 쓰지 않더라도 학교에 한번 와서 교수들과 상견례를 갖고 논문에 관한 초보적인 구상이라도 듣고 싶다고 하여, 10월 초 처음으로 학교에 가서 부총장과 대학원장 등 교수 5,6명과 만나, 논문 구상에 관한 일차적 의견과 함께 한중관계를 포함한 국제 정세에 관한 의견을 교환했음. 그리고 국제관계 대학원장 및 타 교수들에게 현재 6자회담 등 업무가 많아 대사로 재임하는 동안에는 사실상 논문 작성이 불가능하다고 밝혔으며, 그 후 학교 측과 접촉하거나 교수를 만난 사실이 없음.

• 본인은 2001년 10월 중국에 부임한 이후, 출장 기간 외 토요일, 일요일 등 공휴일에도 하루도 빠짐없이 출근하여 오로지 공무에만 전념해온 바, 이는 본인의 활동 기록과 본부에 보낸 보고서를 통해서 명백한 증명이 가능함. 따라서 본인이 공무를 제쳐두고 박사 준비에만 더 바쁘다는 지적은 터무니없는 것으로 전혀 사실과 다른 바, 이는 본인의 명예에 중대한 훼손이므로 엄중히 항의하고 앞으로 이와 관련한 적절한 대응책을 강구할 것임.

그런데 전 언론에 해명서를 배포한 후, 이상하게도 다른 어떤 국내 언론에도 앞서 조간신문에 난 그 기사가 실리지 않았다. 그것은 정말 이상하다고밖에 달리 설명할 방법이 없었다.

그날 밤이었다. 총영사들과의 저녁을 마치고 호텔에 돌아왔는데 서울에서 전화가 왔다. 청와대에서 근무하는 한 고위인사였다.

"대사님, 제가 조금 전에 대통령께 보고드릴 기회가 있었습니다. 그런데 대통령께서 조간신문에 난 대사님 기사 이야기를 하시면서 '대사가 공부하는 것이 무엇이 나쁘냐. 다른 나라 외교관들도 한국에 와서 열심히 공부하는데, 그런 것이 다 중요한 외교 활동의 하나가 아니겠느냐. 김 대사에게 걱정하지 말고 오히려 적극적으로 대응하라고 전하라'고 말씀하셨습니다."

나는 전화를 끊고 그 자리에서 무릎을 꿇고 하나님께 감사기도를 드렸다. 조간신문 외에 다른 어떤 신문도 나에 대한 기사를 다루지 않았고, 더욱이 대통령이 기사를 보고 청와대 인사에게 지시하여 그런 이야기를 내게 전하라고 했다는 것이 놀라웠다. 그것은 하나님의 나에 대한 위로와 격려의 메시지였다. 나는 더욱 하나님께 충성하고 순종할 수밖에 없었다.

사실 베이징대 측에서는 내가 대학에서 중국문학을 전공했고, 한중 수교에도 직접 참여했으며 또 중국어로 중국에 관한 《騰飛的龍 (떠오르는 용 중국)》이라는 책을 출간했기 때문에 한중관계에 관해 누구보다도 권위 있는 논문을 쓸 수 있을 것이라는 기대감에 박사학위 공부를 권했다.

나는 베이징대가 중국 최고의 명문대학으로서 역사상 수많은 인재를 배출했고, 당시 중국의 각 부문에서 중요한 위치에 베이징대 출신 인사들이 많기 때문에, 외교 활동 범위를 확대한다는 차원에서도 의미가 있을 것으로 판단해 등록을 했다. 더욱 감사한 것은 베이징대에서 공부를 하겠다니까 중국 외교부의 탕자쉬안(唐家璇) 외교부장(우리나라의 외교부 장관, 후에 국무위원)과 나와 가까운 부부장(우리나라의 외교부 차관, 현재는 장관)이 나를 강력히 추천했다.

어느 대사가 외국에 주재하면서 공부를 하려는데, 그 나라 외교부 장관과 차관의 추천서를 받을 수 있겠는가! 나는 그 같은 중국 친구들의 사랑과 지지를 생각해서라도 일단 등록을 하고 언젠가 주중대사를 그만두고 나면 한국에 돌아가 시간적인 여유를 가지고 논문을 써볼까 했다. 그러나 나는 이 일을 통하여 하나님께서 그러한 것을 원하시지 않는다는 것을 알게 되었고, 세상 사람들의 시기와 질투에 관해서도 새삼 깨닫게 되었다.

처음이자 마지막 독대

2004년 2월 11일에 서울에서 재외공관장회의가 시작되었다. 그리고 12일 저녁에 청와대 영빈관에서 노무현 대통령 내외 주최 만찬이 있었다. 나는 반기문 외교통상부 장관 그리고 주미대사, 주일대사, 주러시아대사 부부와 함께 헤드테이블에 앉았다. 대통령 내외가 입장하여 자리에 앉자마자 대통령께서 내게 말했다.

"김하중 대사께서 그동안 고생이 많았습니다. 현지에서 여러 가지 어려운 일들을 잘 처리하고 있다고 들었습니다. 특히 북한 핵 문제 해결을 위한 6자회담 등과 관련하여 좋은 보고를 적시(適時)에 계속 보내주어 잘 알고 있습니다. 김 대사께서 어떻게 활동하고 있는지 눈에 선합니다. 그동안 고생 많으셨습니다. 다시 한 번 감사하게 생각합니다."

나는 다소 당황했다. 그 자리에 장관을 비롯해 선배 대사들도 앉아 있는데 착석하자마자 내게 그런 이야기를 하니 상당히 겸연쩍었다. 반기문 장관이 말했다.

"김 대사는 중국 정부나 당의 고위층에 친한 친구들이 워낙 많아 아주 활발하게 활동을 잘하고 있습니다."

그러자 배석해 있던 대사 중의 한 명이 말했다.

"사실 저는 김 대사 때문에 스트레스를 많이 받고 있습니다. 제가 있는 곳에서는 장관이나 차관을 만나기가 매우 어려운데, 김 대사는 항상 그들을 만나니 참 대단합니다."

자꾸 내 이야기를 하니 마음이 불편했다. 때마침 대통령께서 화제를 다른 곳으로 돌렸다.

2006년 10월 13일 노무현 대통령이 중국을 두 번째로 방문했다. 2003년 첫 번째 국빈 방문 때와 달리 하루 일정의 비공식 방문이었다. 나는 베이징 수도공항에 나가 노 대통령을 영접했다. 대통령이 트랩에서 내려 승차한 다음 나도 차에 탔는데 갑자기 경호원이 내게로 뛰어오더니 대통령께서 찾으신다고 했다. 무슨 일인가 하고 갔더니, 대통령께서 옆자리에 앉으라고 했다.

내가 앉자 대통령 모터케이드(motorcade, 중요한 사람을 태운 차량의 행렬)가 인민대회당으로 출발했다. 대통령이 내게 물었다.

"주중대사를 한 지 얼마나 되셨지요?"

"꼭 5년 됐습니다."

"5년이나 하시느라 고생이 많으셨습니다. 그런데 좀 지겹지 않으세요?"

"워낙 일이 많다보니 그런 생각을 할 여유가 없었습니다."

"그렇겠네요. 제가 김 대사를 서울로 데려와서 중요한 일을 시키려 해도 많은 사람들이 김 대사가 중국에 꼭 필요하다고 해서, 어쩔 수 없이 5년씩이나 주중대사를 시키게 되었습니다. 그런데 앞으로 제가 김 대사가 필요해서 들어오라고 하면 오시겠습니까?"

"공무원으로서 대통령께서 오라고 하시면 당연히 들어가겠습니다."

"알겠습니다. 제가 지금 생각하고 있는 자리가 있는데, 혹시라도 그럴 기회가 오면 김 대사의 생각이 어떤지 미리 알고 싶어 물어본 겁니다. 어쩌면 안 될 수도 있습니다. 그러면 이곳에서 근무를 계속하시면 됩니다. 그런데 김 대사께서 중국어로 쓰신《떠오르는 용 중국》이 혹시 한글판으로 나왔습니까?"

"네, 나왔습니다."

"그럼 나중에 한 권만 주십시오."

나는 알겠다고 대답했다. 공항에서 인민대회당까지 가는 30분 동안 대통령은 내게 많은 질문을 했다. 그것이 내가 노 대통령과 단둘이서 이야기를 나눈 처음이자 마지막이었다.

인민대회당에 도착하여 휴식 시간을 가진 다음, 노 대통령은 11시부터 오후 2시까지 후진타오(胡錦濤) 주석과 정상회담과 오찬을 한 후 우방궈(吳邦國) 전인대 상임위원장을 면담했다. 다시 자리를 중난하이(中南海, 베이징 시 중앙부에 있는 중국 공산당중앙위원회와 국무원의 소재지)로 옮겨 원자바오(溫家寶) 총리를 면담했다.

노 대통령은 중국 지도자들과의 공식 일정을 마치고 공항으로 가는 길에 대사관에 들러 대사관 신청사 개관식에 참석했다. 일정을 마치고 대통령 전용기가 수도공항을 이륙하기 전, 나는 기상에 올라가 대통령에게 인사를 하면서 책을 선물로 드렸다.

예수를 조금만 약하게 믿으시지요

2006년 10월 초에 반기문 외교통상부 장관이 유엔 안보리에서 차기 사무총장으로 선출되었다. 반 장관은 유엔 사무총장 선출 과정에서 보여준 중국 정부의 적극적인 협조에 감사를 표하고, 한국 외교부 장관으로서 마지막으로 중국 외교부장과 회담을 하고 또 중국 지도자들과 만나기 위해 10월 27일에 베이징에 도착했다.

반 장관은 먼저 외교부로 가서 리자오싱(李肇星) 외교부장과 회담을 가진 후 인민대회당으로 가서 후진타오 주석을 면담했다. 그리고 저녁에는 댜오위타이(釣魚臺)에서 탕자쉬안 국무위원이 주최하는 만찬에 참석하고 댜오위타이 내에 있는 숙소로 돌아왔다. 그런데 반 장관을 수행하고 온 일행 중에 한 중견 간부가 내게 긴히 할 말이 있다고 했다.

나는 그와 반 장관 숙소 내에 있는 내 방으로 갔다. 그가 말했다.

"대사님, 반 장관님이 내년 1월 1일부터 유엔 사무총장으로 가시면 외교부 장관이 공석이기 때문에 후임 장관을 임명해야 합니다. 지금 서울에서는 많은 사람들이 대사님이 외교부 장관 후임 1순위라고들 합니다. 다만 일부 사람들이 대사님이 예수를 좀 지나치게 믿는다고 이야기들을 하니 조금 약하게 믿으시는 것이 좋겠습니다."

물론 그는 나를 위해 하는 말이었다. 그러나 내 생각은 좀 달랐다. 나는 대사관 상황실에 전화를 걸어 직원들을 내 방으로 잠깐 오라고 했다. 조금 후에 반 장관을 수행하고 온 김원수 장관 특보(현재 유엔 사무총장 특보)와 대사관의 박은하 참사관, 여소영 서기관 등이 내 방으로 들어왔다. 나는 그들에게 조금 전 중견 간부가 내게 한 말을 전하면서 말했다.

"나는 저 간부가 나를 진심으로 생각해서 한 말이라고 생각해요. 그래서 고마워요. 내가 저 간부 말에 대해 답을 하려는데, 이런 내용에 대해서는 공개적으로 내 생각을 말할 필요가 있을 것 같아요. 여러분도 잘 들어주세요. 나는 어떠한 경우에도 예수를 약하게 믿을 수 없어요. 만일 예수를 세게 믿어서 외교부 장관이 안 된다고 해도 상관이 없어요. 나는 앞으로 예수를 더 세게 믿을 거예요. 그러니 혹시 사람들이 물어보면 내 생각을 잘 설명해주세요."

반대한 사람들을 축복하다

노 대통령이 중국을 방문한 다음 10월 말경 언론에서 청와대 제공 자료를 근거로 안보부서 개각을 보도하기 시작했다. 그러면서 나를 통일부 장관 1순위, 외교통상부 장관 2순위, 대통령 안보실장 1순위로 보도했다. 나는 대통령이 말씀한 것도 있고 해서 어쩌면 세 자리 중에 한 자리에는 갈지도 모르겠다고 생각해서 기도를 시작했다. 그러나 기도하는데 전혀 감동이 없었다. 도리어 기도를 하면 할수록 이번에 가서는 안 된다는 생각이 들었다.

11월 1일, 청와대에서 개각을 발표하며 통일부 장관과 외교통상부 장관을 임명했다. 그런데 대통령 안보실장 후임에 대한 발표는 없었다. 나는 안보실장으로 가기 싫었다. 왜냐하면 과거 김대중 대통령 시절 이미 외교안보수석비서관을 했는데, 다시 청와대에 가서 똑같은 일을 하기가 싫었다. 그러나 그런 말을 공개적으로 할 수가 없어서 계속 기도만 했다.

그런데 이상하게도 안보실장 후임 결정이 계속 지연되다가 11월 말이 되어서야 결정되어 발표가 났다. 그날 청와대의 한 인사가 내게 연락을 했다. 이번에 내가 안보실장으로 강력하게 거론되었는데, 내가 들어오면 혹시라도 자신들의 입지가 좁아질 것을 우려한 청와대 일부 인사들이 반대하고 또 어느 부서에서는 나에 관해 좋지 않은 보고서를 올렸다는 것이었다.

나는 그 말을 전해 듣고 하나님께 감사기도를 드림과 동시에 나를 반대하고 나에 관해 좋지 않은 보고서를 올린 사람들을 축복했다.

오직 하나님만이 하실 수 있는 일

2007년 2월 26일, 서울에서 '참여정부'의 마지막 재외공관장회의가 개최되었다. 그리고 27일 저녁 청와대 영빈관에서 대통령 내외 주최 만찬이 열렸다. 만찬장에 입장하기 전에 참석자들이 줄을 서서 대통령과 악수를 하는데, 노 대통령께서 내게 "중국에 말뚝을 박아놓아 미안합니다"라고 큰 소리로 말했다.

내가 만찬장에 들어가 자리를 잡으려 하는데 노 대통령의 최측근 인사가 내게 오더니 말했다.

"지난번에 대통령께서 대사님께 약속을 하셨는데 지키지 못한 것에 대해 매우 미안하게 생각하고 계십니다. 대사님께서 이해해주시기 바랍니다."

그리고 곧 만찬이 시작되어 대통령 내외가 착석했다. 헤드테이블에는 늘 그렇듯이 외교통상부 장관과 4강 대사 부부가 자리했다. 대통령께서는 착석하자마자 다른 사람들이 듣고 있는데도 불구하고 내게 말했다.

"북한 핵 문제가 중요해서 도저히 김 대사를 중국에서 뺄 수가 없었습니다. 물론 중국에 가고 싶어 하는 사람들은 많이 있지요. 다른 주요국 공관장 자리는 별로 가려고 하지 않으면서 주중대사 자리에는 많은 사람들이 가려고 하지요. 그러나 제가 핵 문제가 중요하기 때문에 김 대사를 빼는 것은 안 되며, 주중대사는 아무나 가는 자리가 아니라고 말하고 있습니다. 그동안 김 대사께서 참으로 고생이 많았습니다. 노고에 감사드립니다."

나는 만찬이 끝난 다음 숙소로 돌아와 하나님께 노 대통령을 축복해주시기를 기도했다. 사실 주중대사는 중요한 자리이다. 그래서 정권이 바뀌면 으레 대통령은 정치적인 고려로 주중대사를 임명하기 마련이다. 그런데 노 대통령은 자신과 한 번도 이야기해본 적도 없는 사람을 재신임하고 재임 5년 내내 바꾸지 않았다. 그래서 나는 노 대통령 재임 기간 중 한 번도 자리를 바꾸지 않은 유일한 고위공무원이 되었다. 이것은 사람이 할 수 있는 것이 아니었다. 오직 하나님만이 하실 수 있는 일이었다. 나는 하나님께 깊이 감사를 드렸다.

《하나님의 대사 2》(40-41쪽)에 2007년 12월 말 노무현 대통령의 측근 인사가 베이징을 방문한 이야기가 나와 있다. 당시 그 인사가 내게 말했다.

"제가 대사님을 바꾸려고 두 번이나 결재를 가지고 대통령께 갔는데 대통령께서 '왜 주중대사를 바꾸려 하느냐'고 하셨습니다. 제가 '대사가 한 나라에 가면 보통 임기가 3년인데 김하중 대사는 이미 훨씬 넘었습니다. 그래서 아무래도 바꿔야겠습니다' 했더니 대통령께서 '그러면 김하중 대사보다 더 나은 중국 전문가를 찾을 수 있겠느냐?'라고 물어보셨습니다. 그래서 제가 '김 대사보다 더 나은 사람을 찾을 자신은 없습니다' 라고 대답했더니 대통령께서 '그럼 바꾸지 말라'고 하시는 것이었습니다. '혹시 김 대사를 잘 아십니까?' 했더니 '나, 김 대사 잘 몰라요'라고 하시는 겁니다.

저는 대통령께서 대사님을 잘 알지 못한다고 하시면서 두 번이나 결재를 하지 않으시는 것을 보고 매우 놀랐습니다."

나는 노 대통령을 재임 중 총 아홉 번 만났다. 2003년 공관장회의를 시작으로 매년 한 번씩 다섯 번, 중국 국빈 방문과 비공식 방문 시 그리고 후진타오 주석과 원자바오 총리가 각각 한국 방문을 했을 때였다. 아홉 번 중 단 한 번만 자동차에서 30분 정도 둘이 이야기를 나누었고, 나머지는 전부 여러 사람들과 함께 만났다.

그런데 노 대통령은 항상 내게 친절했고 정중했으며, 기회가 날 때마다 나를 위로하고 고마움을 표시했다. 정말로 이해할 수 없는 놀라운 일이었다. 하나님께서 대통령의 마음을 움직이지 않으면 있을 수 없는 일이었다. 나는 그저 하나님께 감사하고 또 감사했다.

끊임없는 중보기도와 슬픈 소식

나는 노 대통령을 위해 끊임없이 기도했다. 그 기도는 내가 한 것이 아니라 내 안에 계신 성령님이 시키신 것이었다. 나는 기도를 할 때마다 대통령의 고통을 느끼면서 매우 안타까운 마음에 이런 생각을 했다.

'만일 대통령이 하나님을 믿으면 마음에 평강과 즐거움을 주실 텐데….'

그런데 누가 대통령에게 하나님을 믿으라고 전도할 것 같지도 않고, 누가 매일 눈물로 기도할 것 같지도 않았다. 목회자들이나 일반 크리스천 중에서도 대통령을 위해 기도하는 사람은 많지 않아 보였다. 그래서 나라도 열심히 기도해야 할 것 같아 시간만 나면 노 대통령을 위해 기도했다.

한번은 서울에서 정부의 한 고위인사가 중국을 방문했다. 그는 하나님을 믿는 사람이었다. 우리는 노 대통령에 관해 이야기를 하면서 안타까운 마음을 이야기했다. 대화 중에 갑자기 그가 말했다.

"대사께서 대통령을 위해 기도할 때 하나님께서 주시는 마음이 있으면 저에게 기도문으로 만들어주시지요. 제가 한국에 돌아가서 직접 대통령께 말씀드리겠습니다."

나는 그날 밤 오랜 시간 하나님께서 노 대통령을 사랑하고 축복해주시기를 기도했다. 그리고 하나님께서 주시는 마음을 기록하여 그 인사에게 전달했다. 나중에 그는 대통령께 중국 출장 보고를 하는 자리에서 내가 써준 기도문을 다 읽어드렸다고 말했다. 노 대통령이 하나님을 믿지는 않았지만, 어쨌든 하나님의 마음이 전달되었다는 것이 감사했다.

  2008년 2월 말에 노 대통령이 대통령직에서 은퇴한 다음에도 나는 기도를 계속했다. 그해는 비교적 기도가 평온했다. 그러다가 2009년 3월 말부터 기도 중에 나도 모르게 눈물이 흐르면서 "노 대통령을 살려달라"라는 말이 나왔다. 왜 이런 기도가 나오는지 나도 몰랐다. 그런데 기도만 하면 내 의지와 상관없이 그런 말이 나왔다.

  4월 9일 아침에 노 대통령에게 내 기도문을 전달했던 인사에게 전화를 했다.

  "하나님께서 자꾸 제게 노 대통령에 관한 중보기도를 시키시는데 무슨 일이 있을지도 모르니 대통령께 너무 걱정 마시라고 위로해드리십시오. 우리가 중보기도를 하면 아무 일이 없을 것이니 기도를 많이 하셔야 할 것 같습니다."

  그러자 그 인사가 깜짝 놀라면서 말했다.

  "사실 저도 오늘 새벽예배에 가서 노 대통령을 위한 기도를 하고 왔습니다. 대통령께 김 장관의 이야기를 꼭 전달하겠습니다."

  4월 중순부터 노 대통령을 위한 기도를 하면 분노가 나오기 시작했다. 하순부터는 기도만 하면 "힘들고 수치스러워 죽고 싶다"라는 말이 나왔다. 나는 4월 한 달 내내 눈물로 대통령을 보호해달라고 기도했다. 5월이 되자 기도가 잠시 평온해졌다. 그러나 중순부터 다시 힘들어지면서 계속 "죽고 싶다"라는 말만 나왔다. 나는 어떤 때는 눈물로, 어떤 때는 통곡으로 하나님께 기도했다.

5월 19일에 나는 일생 처음으로 이스라엘을 방문했다. 예루살렘에서 숙소를 정한 다음 관광도 하고 예배도 드리면서 계속 노 대통령을 위해 기도했다. 그러던 23일 새벽에 노 대통령이 스스로 목숨을 끊었다는 뉴스를 전해 들었다. 그때 비로소 그동안 하나님께서 왜 내게 노 대통령을 위한 기도를 그토록 시키셨는지 알게 되었다. 그리고 기도할 때 나온 말들이 사실이라는 것을 깨달았다.

나는 그 자리에서 엎드려 통곡하다가 일어나 무릎을 꿇고 노 대통령과 그 가족을 위하여 간절히 기도했다. 그리고 27일 오후 늦게 서울로 돌아와 28일 아침 일찍 서소문 역사박물관에 설치된 빈소를 찾았다. 나는 헌화를 하면서 마음 깊이 존경과 감사의 인사를 올렸다. 그리고 오후에 집회 참석차 캐나다로 출발했다.

6년이 넘는 세월 동안 노 대통령을 위해서 기도할 때마다 하나님이 주신 마음을 다 기록해놓았다. 언젠가 그 기록들을 세상에 공개할 때가 올 것이라 믿는다. 그러면 많은 사람들이 하나님께서 그를 사랑하셨다는 것을 알게 될 것이다.

> 그러므로 내가 첫째로 권하노니 모든 사람을 위하여 간구와 기도와 도고와 감사를 하되 임금들과 높은 지위에 있는 모든 사람을 위하여 하라 이는 우리가 모든 경건과 단정함으로 고요하고 평안한 생활을 하려 함이라 딤전 2:1,2

AMBASSADOR OF GOD

CHAPTER 03

사랑하는 자들을
보호하심

지금은 그곳에 가면 안 됩니다
기도하지 않으면 계속 있기 어려울 것이라
아비의 눈물과 기도로 아들을 고치다
깊고 크신 사랑
기도 그대로입니다
하나님의 위로로 다시 일어서다
자녀들의 고통을 돌아보시는 하나님
중보하는 자를 위로하시는 하나님

지금은 그곳에 가면 안 됩니다

주중대사로 있을 때 한번은 유력한 정치인이 중국을 방문했다. 그는 상당한 영향력을 가지고 있었기 때문에 한국에서 수행 기자단까지 따라왔다. 그는 중국을 방문하기 전에 내게 전화를 해서 자신의 방중(訪中)이 성공적으로 진행될 수 있도록 적극 도와줄 것을 요청했다.

나는 최선을 다해 일정을 주선하고, 그의 방중이 성공적으로 이루어지도록 계속 기도했다.

얼마 후 그가 수행 기자단과 함께 베이징에 도착해 중국 정부와 당의 요인(要人)들로부터 환대를 받았다. 마지막 일정이 끝나고 저녁 8시 반경 숙소에 도착하자 현관에서 그가 내 손을 잡고 중국 방문이 성공적으로 이루어지도록 도와주어 감사하다고 말했다.

"대사님, 이제 저는 수행 기자단이 기다리는 곳으로 가봐야겠습니다."

"수행 기자단이 어디서 기다립니까?"

"무슨 술집이라고 하던데요?"

그 말을 듣는 순간 '그곳에 가면 안 된다'는 생각이 강력하게 들었다.

"무슨 말씀이십니까? 술집이라니요. 절대로 가시면 안 됩니다."

내가 정색하니 그가 약간 당황한 표정을 지었다.

"왜 그러시지요? 서울에서부터 기자단이 따라왔기 때문에 잠깐 가서 고맙다는 말도 하고 맥주나 한잔하고 돌아오려고 합니다."

"그래도 지금 그곳에 가시면 안 됩니다."

그는 현관에서 많은 사람들이 우리를 보는 것을 알고는 자기 방으로 가자고 했다. 우리 둘을 따라 비서관과 보좌관 등이 방으로 들어왔다. 내가 말했다.

"이번에 오셔서 중국의 요인들을 만나 중요한 이야기들을 많이 나누셨는데, 이런 상황에서 술집에 가시는 것은 이유가 어떻든 좋지 않습니다. 가지 마십시오."

그는 난감한 표정을 지었다. 나는 곧바로 그의 비서관에게 수행 기자단 간사와 전화를 연결해달라고 했다. 조금 후 비서관이 전화기를 건넸다. 받아보니 수행 기자단 대표가 아닌 베이징 특파원이었다. 내가 말했다.

"저 대사인데요. 이분은 지금 거기 못 가십니다. 어떤 이유든 중국의 지도자들을 만나러 온 분에게 술집에 오라고 하는 것은 모양이 좋지 않습니다. 그러니까 특파원이 기자단에게 잘 설명해주세요."

특파원이 알았다며 전화를 끊었다. 그러자 그 인사가 수행원들에게 말했다.

"대사께서 저렇게 완강하시니 나는 못 가겠네. 자네들이나 다녀오게."

나는 그와 남은 한두 사람과 함께 차를 마시면서 이야기를 나눴다. 담소를 나누다보니 9시 반이 넘어 일어서려고 하는데 갑자기 기자단에서 연락이 왔다. 그날 중국 측 요인과의 면담 기사 중에 이상한 부분이 있다는 것이었다. 알아보니 그대로 두면 파장이 일어날 수 있는 내용이었다. 그런데 그 기사는 우리가 해결할 수 있는 문제가 아니고 중국 측이 해명해야 할 것이었다.

나는 급히 관계 직원들을 불러서 당장 중국 측과 접촉하여 해명을 요청하도록 지시했다. 두 시간 정도 지난 다음에 중국 측의 해명 기사가 나왔다. 만일 그 일행이 전부 술집에 있었다면 결코 쉽게 처리할 수 있는 문제가 아니었다.

다음 날 그 인사 일행이 베이징을 떠났다. 그리고 몇 달이 지났다. 서울에서 그 인사의 베이징 방문 시 수행 기자단을 위한 술값을 민간인이 냈다는 보도가 나오면서 전 언론이 크게 보도하기 시작했다. 시간이 흐르면서 초점은 그가 술자리에 있었는지에 집중되었다. 그가 그 자리에 없었다는 것이 확인된 다음에야 사건이 잠잠해졌다.

사실 대사가 서울에서 온 유력 정치인이 술집에 가든 안 가든 무슨 상관이 있겠는가. 그러나 그날 어떤 일이 있어도 그가 술집에 가면 안 된다는 생각이 들어 강력히 말했는데, 돌이켜보면 내 안에 계신 성령님께서 하신 것 같다. 비록 그가 하나님을 믿지 않았을지라도 하나님을 믿는 내가 그의 중국 방문 성공을 위해 간절히 기도했기 때문에 하나님께서 그를 부끄럽게 만들지 않으시고, 또 나를 당황하지 않게 하신 것으로 믿는다.

기도하지 않으면 계속 있기 어려울 것이라

본부와의 업무 협의차 서울에 들어갈 일이 있었다. 그런 와중에 한 부처의 장관이 서울에 오면 시간을 내서 식사를 하자고 했다. 나는 그 장관의 이름은 들어 알고 있었지만 한 번도 이야기를 나눈 적이 없었다. 약속을 잡고 그를 만나기 전날, 그를 위해 기도했다. 그런데 기도가 매우 답답하고 힘들었다.

(전략)
지금 네 마음에 슬픔이 가득하도다.
네가 남들이 부러워하는 자리에 앉았으나
마음에 고민이 많으니 모든 것이 답답하도다.
지금 네가 원하는 것을 얻었으나
모든 것이 네 생각과 다르니 마음이 불안하도다.

그러나 너는 걱정하지 말라.

내게 무릎 꿇고 기도하면

내가 너의 기도를 들을 것이니 너는 기도하라.

그리하면 너를 지킬 것이라.

(후략)

"이제 네가 그 자리에 계속 있기 어려울 것이라"라는 부분도 있었지만 장관이 상심할 것 같아 쓰지 않았다.

다음 날 약속한 장소로 가니 장관이 자기 부처 주요 간부들과 함께 기다리고 있었다. 우리는 식사를 하면서 여러 가지 이야기를 나누었다. 장관과 간부들은 당시 중국 정세와 한중관계에 관해 식사 내내 내게 질문을 했다. 식사를 마치고 나는 장관에게 배석자들을 전부 내보내달라고 요청했다.

다 나간 후 내가 장관에게 물었다.

"장관님께서는 하나님을 믿으십니까?"

"믿습니다."

나는 아무 말도 하지 않고 전날 적은 기도문을 주었다. 장관이 기도문을 읽고 말했다.

"이 기도문의 내용이 현재 제 상황을 정확하게 표현하고 있어 놀랍습니다. 제가 장관이기는 하지만, 일하기가 너무 힘들어 깊은 좌절감을 느끼고 있습니다. 그래서 차라리 장관을 그만두려고 생각하고 있습니다."

내가 그에게 말했다.

"사실 지금과 같은 상황이 계속되면 그 자리를 떠나실 수밖에 없습니다. 하나님께서 그런 마음을 주셨지만 충격이 크실 것 같아 쓰지는 않았습니다. 그러나 하나님께서 저를 통해 장관님을 위로하시는 것은 장관님을 사랑하시기 때문입니다. 하나님은 장관님이 그렇게 그 자리를 떠나는 것을 원하지 않으시며, 계속 나라를 위해 일해 주기를 바라십니다. 힘들더라도 현재의 어려움을 감수하셔야 합니다. 그리고 그 어려움을 이기기 위해서 계속 기도하셔야 합니다. 그러면 하나님께서 지켜주실 겁니다."

장관은 앞으로 열심히 기도하겠다고 약속했다.

한참 시간이 흐른 후 나는 그를 다시 만날 기회가 있었다. 그는 지난번에 내가 준 기도문을 읽으면서 자신의 기도 방법을 완전히 바꿨으며, 일을 하면서도 상대방을 위한 중보기도를 하고 있다고 말했다. 그리고 자신에게 기도의 방법과 믿음의 방향을 제시하여 준 것에 대해 진심으로 감사한다고 말했다. 이후 그는 맡은 바 소임을 훌륭하게 완수하고 명예롭게 장관직을 떠났으며, 나와 언제 어디서 만나든 누구보다도 반갑게 인사를 하곤 했다.

하나님은 그 장관을 사랑하셨다. 그래서 혹시라도 그가 상황을 잘못 판단하여 사표라도 내면 여러 가지 불필요한 상황이 생길 것을 우려하셔서, 그의 마음을 움직여 나를 만나게 하셨다. 그리고 나를 통해 하나님의 뜻을 전달함으로써 그가 나라를 위해 충분히 일하고, 명예롭게 떠날 수 있도록 하셨다. 하나님은 정말 기도하는 자를 부끄럽게 하시는 법이 없다.

> 그러나 주께 피하는 모든 사람은 다 기뻐하며 주의 보호로 말미암아 영원히 기뻐 외치고 주의 이름을 사랑하는 자들은 주를 즐거워하리이다 시 5:11

아비의 눈물과 기도로 아들을 고치다

어느 날 대사관의 한 직원이 와서 한 중견 언론인이 베이징에 출장을 와 있다고 하면서, 그가 하나님을 아주 신실하게 믿는데 아들의 병 때문에 걱정을 많이 하더라는 말을 했다. 나 또한 평소 그의 능력과 성품을 좋게 봤던 터라 집에 돌아와 그와 아들을 위해 간절히 기도했다. 그때 하나님께서 이런 마음을 주셨다.

> 지금 네 아들의 병이 나았지만
> 아직 완쾌된 것은 아니니
> 아들을 위해 눈물로 기도하라.
> 그래야만 아들이 완전히 치유될 것이라.
> 이제 네가 아들로 인하여 완전히 거듭날 것이며
> 그로 인하여 네가 앞으로 훌륭한 자가 될 것이라.
> 이제부터 네게 큰 변화가 있을 것이라.

먼저 가정이 큰 축복을 받을 것이요
아들이 완쾌될 것이라.

하나님의 큰 축복이었다. 나는 기도문을 정리하여, 다음 날 대사관 직원에게 주면서 그에게 전해달라고 했다.
그해가 지나고 한참 시간이 흘렀다. 하루는 대사관 직원이 와서 그가 또 중국에 출장을 왔다고 했다. 나는 다시 그를 위해 기도했다.

이제 너에게 좋은 일이 있을 것이라.
네가 많은 사람들로부터 칭찬을 받을 것이요
네 아들에게도 좋은 일이 있을 것이니
그의 건강이 계속 좋아질 것이라.
그러나 너는 안심하지 말고 계속 기도하라.
나쁜 것들이 틈타지 못하도록 끊임없이 기도하라.
그리하면 네가 지금의 어려움을 이겨낼 수 있을 것이라.

이튿날 나는 대사관 직원에게 혹시 그 언론인에게 저녁에 시간이 있으면 커피나 한잔하자고 전하라고 했다. 그날 저녁 우리는 커피숍에서 만났다. 나를 보자 그가 먼저 말했다.
"작년에 대사관 직원 편에 주신 기도문이 저의 상황과 똑같고 내용이 정확하여 큰 감동을 받았습니다. 그래서 그 기도문을 타자로 쳐서 작게 만들어 코팅하여 수첩에 넣고 다니며, 사무실과 집 책상에도 붙여놓고 항상 보면서 기도하고 있습니다."

그러면서 아들이 아픈 후부터 더욱 열심히 기도하면서 새벽기도에 나간 일, 교회에서 아들을 위한 축복기도를 들으면서 울던 일, 아들의 수술을 위한 병원을 정할 때 성령님의 인도에 따랐던 일, 밤에 아들에 관한 꿈을 꾸다가 새벽에 깨어나서 보니 벽에 십자가가 보인 일(나중에 알고 보니 집 근처 교회 십자가가 창문을 통해 보인 것인데, 그 전까지 그런 모습을 본 적이 없었다고 함)들을 눈물을 흘리며 이야기했다. 나는 그 이야기를 들으면서 그의 아들에 대한 사랑에 깊은 감동을 받았다. 그래서 전날 밤 하나님께 기도하며 받은 마음을 적은 기도문을 주면서 그를 축복했다. 그때부터 나는 그와 그 아들을 위해 기도하기 시작했다.

얼마의 시간이 흐르고 내가 서울에 출장을 갈 기회가 있었다. 나는 서울에 도착하여 그에게 연락을 해서 아들을 데리고 내가 묵고 있는 호텔로 오라고 했다. 부부가 아들을 데리고 왔다. 나는 그 아들을 붙들고 간절히 기도했다. 하나님께서는 그 아이를 무척 사랑하셨다.

내가 너의 괴로운 마음을 알고 있으며
네 신음소리를 듣고 있나니
나도 네 신음소리를 들을 때마다 가슴이 아프도다.
그러나 너는 걱정하지 말라.
너는 앞으로 건강을 완전히 회복할 것이라.

이제 너로 인하여 많은 일이 일어날 것이라.
너로 인하여 많은 자들이 내게로 돌아왔고
네 집안이 부흥되었나니 너는 참으로 귀한 자로다.
이제 네 집안에 좋은 일이 생길 것이라.
그것들은 모두 다 너로 인함이니
너는 집안의 기쁨이요 소망이라.
너는 기뻐하라. 그리고 나를 믿고 내게 기도하라.
그리하면 내가 너를 큰 자로 만들어줄 것이라.
내가 너를 사랑하여 크게 축복하노라.

내가 베이징으로 돌아온 후 그가 이메일을 보냈다.

(전략)

돌이켜보면 아들이 첫 진단을 받은 후부터 놀라운 기적을 맛보고 있습니다. 바로 저희 가족이 온전히 하나님만 의지하게 된 것입니다. 지금 아들은 모든 것이 정상이고, 새롭게 옮긴 학교에 적응하느라 다소 힘들어 하지만 생활에 아무런 지장이 없습니다. 대사님이 바쁘신 중에도 기도해주신 덕분입니다.

얼마 전 하나님의 말씀을 간접 체험하는 기회가 있었습니다. 누군가 제게 아들의 재발 가능성을 언급해서 약간 신경이 쓰였습니다. 그런데 지하철을 타고 출근하다가 우연히 벽면에 붙은 전도지 한 장을 보게 되었습니다. 이사야서 46장 4절 말씀이었습니다.

"너희가 노년에 이르기까지 내가 그리하겠고, 백발이 되기까지 내가 너희를 품을 것이라 내가 지었은즉 내가 업을 것이요 내가 품고 구하여 내리라."

저는 그 자리에서 수첩을 꺼내 메모했습니다. 그리고 아멘 또 아멘을 했습니다. 이 성구를 보게 된 것이 결코 우연은 아니라고 생각합니다. 하나님이 필요한 말씀을 적시에 들려주셔서 참으로 감사했습니다. 말씀에 힘입어 제 생활을 가다듬고, 하나님 앞에 더 충실하도록 노력하겠습니다.

나는 메일을 읽으면서 깊은 감동을 느꼈다. 아비가 이런 마음을 갖고 기도하는데 어떻게 하나님께서 그의 기도를 듣지 않으신다는 말인가! 그 가족에게 있어 아들의 병은 축복임에 틀림없다. 아들의 병으로 인하여 아비의 믿음이 깊어지고 많은 사람들이 하나님께로 돌아오니 이것이 축복이 아니고 무엇이겠는가. 하나님은 그와 그 가정을 축복하셨다. 얼마 후 그는 좋은 곳으로 자리를 옮겼고 아들의 건강도 회복되었다.

깊고 크신 사랑

《하나님의 대사 1》 183쪽에 보면 내가 2007년 7월 15일 산둥성 칭다오에 있는 청양한인교회에 가서 특강한 내용이 있다. 전날인 14일에 나는 정영섭 담임목사님을 위해 기도했다. 물론 나는 정 목사님을 만난 적도 없고 전화도 한 적이 없었다. 그런데 기도를 시작하자마자 마음이 몹시 힘들고 슬펐다. 나는 하나님께서 주시는 마음을 정리하여 기도문을 만들어 7월 15일 아침에 청양한인교회로 갔다.

특강이 끝난 다음, 나는 일행과 함께 정 목사님 방으로 갔다. 거기서 잠시 다과를 나눈 후 다른 사람들을 내보내고 목사님에게 전날 밤 기도하며 적은 기도문을 건넸다. 다 읽더니 목사님은 눈물을 흘리며 기도 내용이 현재 자신의 상황과 정확하게 일치한다고 하면서 교회의 어려운 상황을 자세히 설명했다.

"하나님께서 제 어려운 상황을 아시고 대사님을 보내주셔서 저를 다시 일으켜 세우시려는 것임을 알게 되었습니다. 이제 하나님께서 살아 계심을 확인한 만큼 앞으로 열심히 사역하겠습니다."

모든 일정을 마치고 나는 정 목사님과 교인들의 전송을 받으며 베이징으로 돌아왔다. 얼마 후인 8월 5일에 정 목사님이 이메일을 보내왔다.

(전략)

무엇보다도 감사한 일은 대사님을 통해서 제가 본래의 자리를 찾을 수 있었다는 점입니다. 교회 개척 후 4년 동안 이루 헤아릴 수 없는 일들을 경험했습니다. 나름대로 지치고 힘들고, 주님을 전적으로 의뢰하다가도 때로 사람의 욕심이 앞서는 연약한 제 모습에 좌절하기도 했습니다. 함께 공동체를 섬기면서도 마음을 함께하지 못하는 사람들과 저를 비난하며 공격했던 사람들 때문에 무척 힘들었습니다.

그럼에도 불구하고 사랑하라고 하신 말씀 앞에 모든 것을 내려놓지 않을 수 없었습니다. 명확한 하나님의 뜻을 보게 하셨으니 순종하는 것이 당연하지요. 모든 사람들을 용서하고 사랑하며 주님의 마음으로 섬기도록 하겠습니다. 무엇보다도 제가 있어야 할 자리를 겸손하게 지키겠습니다.

이 중국 땅에서 신앙의 선배요, 믿음의 모델이 되신 대사님과의 만남은 참으로 행복했습니다. 대사님을 통해서 주신 귀한 메시지를 교훈 삼아 기도하며 실천하는 삶을 살고자 합니다. 대사님을 통해서 이루실 주님의 선한 뜻들이 아름답게 결실되기를 기도드립니다.

그로부터 몇 년이 지난 2010년 12월에 정 목사님이 다시 이메일을 보내왔다.

칭다오에서 온 편지

청양한인교회는 칭다오한인교회의 두 번째 지교회로 세워진 교회입니다. 지리적으로 시내와 약 30분 거리에 떨어져 있는 청양은 굉장히 낙후되어 황량한 벌판과도 같았습니다. 비록 개척교회였지만 교회 안에는 하나님의 은혜와 사랑이 차고 넘쳤습니다.

저는 다음 세대를 키우는 일과 성도들을 하나님의 제자로 키우는 비전을 가지고 목회에 전력했습니다. 성도들도 자발적으로 헌신하며 따라왔고, 얼마 후 교회는 성도들로 초만원을 이루었고 주일학교도 차고 넘쳤습니다. 그래서 매년 본당을 옮겨야 하는 일이 쉽지 않았지만 하나님은 기쁨으로 그 일을 감당하게 하셨습니다. 그런데 2007년에 갑자기 외환위기가 터지자 중국의 환율이 천정부지로 올라가고 그렇게 많던 한국 기업들이 하나둘씩 문을 닫기 시작했습니다. 환율차로 생기는 부담을 이기지 못하고 귀국하는 성도들이 늘어났습니다. 이런 상황 가운데 한인교회 목회를 하면서 힘을 얻을 뭔가가 필요했습니다. (중략)

김 대사님은 자신의 삶을 간증하시면서 기업하는 사람이 어떻게 하나님만 신뢰하며 믿음으로 행할 것인지 구체적으로 말씀해주시고, 본인 또한 모든 일을 할 때 하나님께 묻고 답을 얻어 행했다고 하셨습니다. 말씀을 들으면서 가슴 깊이 뭔가 가득 채워지는 감격이 있었습니다. 모든 성도들이 주신 말씀에 반응하여 믿음의 결단을 하는 시간이 되었습니다.

예배 후 대사님과 함께 오신 손님들이 목양실로 들어오셨습니다. 잠시 차를 한잔 나누면서 담소가 끝난 다음 대사님은 모든 사람들을 물리신 후 제게 기도문 하나를 내미셨습니다. 저는 받아 읽으면서 '세밀하신 하나님, 어쩌면 나를 이렇게 잘 아실까!' 하며 감사하지 않을 수 없었습니다.

"네가 지금 사역이 너무 힘들어 답답하고 슬프도다. 네가 때로는 모든 것을 집어치우고 돌아가고 싶지만 그 또한 어려우니 네가 답답하도다. 그러나 답답해하지 말지어다. 내게 기도하면 다 해결될 것이니, 걱정하지 말고 기도할지어다. 이제 네게 좋은 일도 많이 있을 것이라. 교회에 좋은 일이 생길 것이며, 교회가 부흥할 것이라.

그러나 조심할지어다. 항상 너를 엿보고 주시하는 자들이 있나니 항상 겸손할지어다. 그리고 지나친 욕심을 부리지 말지어다. 네가 세상적인 욕심을 부리면 그들이 너를 공격할 것이니, 매사에 조용히 행할지어다. 그리하면 모든 일이 네가 원하는 대로 될 것이요, 교회가 성장할 것이라. 말을 조심하고 계속 기도하라. 그리하면 내가 너를 지킬 것이니 아무런 염려도 하지 말지어다."

기도문을 읽으면서 마음속으로 다짐했습니다.

'주님, 제가 평생 겸손한 마음으로 끝까지 충성하는 사역자가 되겠습니다. 현실의 어려움으로 인해 낙심하거나 흔들리지 않겠습니다. 그리고 계속 기도하는 사람이 되겠습니다.'

이제 8주년을 지나온 청양한인교회는 중국에서뿐만 아니라 한국에도 좋은 이미지로 널리 알려져 있습니다. 단독으로 선교사를 파송하는가 하면 매년 몽골, 라오스, 캄보디아 등지에 교회를 세웠습니다. 특히 청양한인교회는 말씀을 암송하는 교회입니다. 개척 때부터 지금까지 말씀을 암송하는 일에 열심을 내서 성인은 물론이고 어린이들까지 성경을 암송하는 "303비전 성경암송학교(규장, 여운학 장로)"의 모범교회가 되어 있습니다. 또한 민족과 열방을 가슴에 안고 새벽을 깨우는 교회로도 유명합니다.

하나님은 참으로 대단하시다. 내가 칭다오에 가는 기회에《하나님의 대사 1》에 소개한 칭다오한인교회와 조관식 목사님을 살리시고, 연이어 청양한인교회에 보내셔서 하나님의 마음이 기록된 기도문 한 장을 통해 교회와 담임목사님을 축복하신 것이다. 하나님의 사랑은 참으로 깊고도 크시다.

기도 그대로입니다

2007년 6월 중순 홍콩에서 중국 지역 총영사회의가 열렸다. 우리는 홍콩에서 하루만 회의를 하고, 중국의 상황을 직접 관찰하기 위하여 기차를 타고 광저우로 이동했다. 그리고 다시 하루 종일 경제 관계 회의를 했다. 다음 날인 6월 17일은 일요일이라 모두 각자의 임지로 돌아갔다.

나는 베이징으로 돌아가기 전 광저우에 있는 한인교회에서 특강을 하기 위해 교회로 갔다. 광저우에 가기 전에 그곳에 있는 총영사와 일정을 협의하면서 "일요일에 광저우를 출발할 예정인데 한인교회에 가서 예배를 드리고 떠났으면 좋겠다"라고 말했다. 얼마 후 총영사가 광저우의 한 한인교회를 소개했고 나는 기도한 후에 그 교회에 가기로 했다. 그리고 6월 9일 밤 한 번도 본 적이 없는 김동석 담임목사님을 위해 기도를 하는데 기도가 너무 힘들고 고통스러웠다. 나는 하나님께서 주신 마음을 기도문으로 정리해두었다.

교회에 도착한 후 담임목사님 방에서 환담을 가졌다. 잠시 후 나는 일행을 내보내고 약 일주일 전 김 목사님을 위해 기도하며 적은 기도문을 읽어주었다. 김 목사님은 다 들은 후 눈물을 글썽이면서 말했다.

"현재의 상황이 기도 내용 그대로입니다. 지금 말씀하신 것을 하나님의 마음으로 받겠습니다."

우리는 서로를 부둥켜안고 격려했다. 그날 무사히 특강을 마치고 나는 베이징으로 돌아왔다. 얼마 후 목사님이 이메일을 보내왔다.

대사님이 저희 교회에 오셔서 하나님의 뜻과 위로의 말씀을 주셔서 얼마나 감사하고 감격했는지 모릅니다. 사실 지난 4개월여 동안 너무 힘들어서 하나님께 떼를 많이 썼는데, 생각지도 않게 대사님을 통해 위로와 소망을 주셔서 큰 힘이 되었습니다. 마치 고린도교회에 보낸 바울 선생님의 편지 같았고, 디도를 통한 기쁨 같은 위로의 말씀이었습니다. 잠깐이나마 흔들렸던 제가 다시 한 번 십자가를 붙들게 하는 계기가 되었습니다.

대사님이 다녀가신 후부터 오늘까지 대사님을 위해 엎드리고 있습니다. 하늘에 계신 아버지께서 대사님을 더 존귀하고 거룩하게 쓰시도록 기도하겠습니다. 저와 성도들 또한 하나님께서 저희 교회에 거시는 기대를 감당하기 위해 힘써 노력하겠습니다.

나는 이후로도 김 목사님과 가끔 이메일을 주고받았다. 최근에도 목사님이 이메일을 보내왔다.

광저우에서 온 편지

2006년은 제가 광저우한인교회에 부임한 이후 가장 힘들었던 시간이었습니다. 당시 공교롭게도 교회 중직자에 의한 채무 사건과 교회 재정 사건이 터졌고, 이를 빌미로 일부 집사들과 부교역자들과의 힘겨운 대립과 갈등으로 교회는 2년간 긴 어둠의 시간을 보내야 했습니다. 어느 정도 수습이 되었을 시점 저는 담임목회자로서 책임을 통감하고 사표를 내고 떠나기로 아내와 결정했습니다. 마침 그해 6월 동경에서 한인디아스포라 포럼이 있어 한 주간 동안 참석하고 또 한 주간은 한국을 방문한 후 돌아와 짐을 싸기로 했는데 동경에서 떠나기 며칠 전 김하중 대사님의 비서인 천성환 서기관(현재 외교통상부 통상교섭본부 1등서기관)으로부터 전화를 받았습니다. 대사님이 교회를 방문하고 싶다는 전화였습니다. 일정을 들으니 동경에서의 포럼이 끝난 다음 주일이었습니다.

동경 일정을 마치고 교회에 돌아와 다음 날 주일 2부 예배 전 목양실에서 장로님들과 광저우 총영사 및 다른 영사들과 티타임을 갖게 되었습니다. 그리고 예배 10여 분을 남기고 목양실에 저와 단 둘이 남게 되자 대사님이 양복 안주머니에서 종이 하나를 꺼내시면서 "혹 이런 일을 어떻게 생각하실지 모르지만 제가 지난 6월 9일 밤에 기도하는데 하나님이 주신 마음입니다"라고 하셨습니다.

저는 그 종이를 들고 읽어 내려가면서 매우 당황했습니다. 다 읽고 난 후 제가 "대사님, 혹시 이번에 저희 교회에서 벌어진 사태를 알고 오셨습니까?"라고 물으니 대사님은 "아무것도 모르는데요. 무슨 일이 있으십니까?" 하고 반문하셨습니다. 저는 그동안 교회에 벌어진 이야기들을 간단히 말씀드린 후 예배에 참석했습니다. 예배 후 교회에서 준비한 간단한 식사를 마치고 떠나시기 전에 대사님은 다시 제게 말씀하셨습니다.

"김 목사님, 힘내십시오. 하나님께서 도우셔서 반드시 이기게 하실 것입니다. 이후로 교회나 목사님의 목회에 어떤 어려움이 올지 모르지만 주님만 의지하면 반드시 승리하실 것입니다. 제가 도움될 일이 있으면 언제든지 전화나 메일을 주십시오. 최선을 다해 도와드리겠습니다."

많은 업무로 바쁘실 텐데 저를 위로해주시고 교회의 문제 해결에 대안을 주시기 위해 베이징에서 광저우까지 친히 와주신 것이 얼마나 감사한지 몸 둘 바를 몰랐습니다.

대사님을 배웅해드리고 바로 사무실에 돌아와서 다시 기도문을 읽는데 떨려서 잘 읽을 수가 없었습니다.

"네가 어려운 곳에서 나를 위한 사역을 하느라 참으로 힘이 드는구나. 오랫동안 잘 인내했도다. (중략) 지금 교회 안에 분열을 도모하는 세력이 있나니 너는 조심할지어다. 기도로 그들을 분쇄할지어다. 이제 네 자녀에게 좋은 일이 있을 것이요, 교회에도 좋을 일이 있을 것이다. 항상 깨어 나에게 기도할지어다."

통곡하며 하염없이 울면서 하나님께 감사의 기도를 드렸습니다.

'하나님, 묵묵히 지켜보고 계셨군요. 내 편은 없는 것 같았는데 주님만은 제 편이셨군요. 언제까지 이곳에 두실지 모르겠지만 하나님의 허락이 없는 한 절대 제 임의대로 떠나지 않겠습니다.'
대사님이 가신 후 다시 한 번 기도문을 보내주셨는데 읽고 마음 깊이 새겼습니다. 이후로 저 역시 대사님을 위한 중보기도를 하게 되었습니다. 그로부터 약 6개월 후인 그해(2006년) 송구영신예배 설교 시간에 저는 기도문을 전 성도들에게 공개했습니다. 그리고 한 해를 돌아보며 우리의 상처를 치유해주시고 건강한 교회를 함께 세워가는 데 동참할 것을 권면하며 한 가지 선언을 했습니다.
"하나님께서 제게 명령하시지 않는 한 제 임의로 교회를 떠나지 않겠습니다."
그 후 저와 교회는 많은 변화를 통해 양적 질적으로 성장하고, 안정되었습니다. 모든 것은 전능하신 우리 주 하나님 아버지께서 이루셨습니다. 영광을 아버지께 올려드립니다. 그리고 다시 한 번 김하중 장로님께 감사의 말씀을 드립니다.

나는 이 메일을 읽으면서 깊은 감동을 받았다. 하나님께서 광저우한인교회와 김동석 목사님을 사랑하셔서 교회를 세우시고 목사님을 일으키신 그 은혜에 정말 감사했다. 그리고 아무것도 아닌 죄인인 나를 통로로 사용해주신 은혜 또한 감사했다.

하나님의 위로로 다시 일어서다

경기도 하남시와 강원도 원주시에는 농촌운동으로 유명한 김용기 장로가 설립한 가나안농군학교(Canaan Farmhand School)가 있다. 김용기 장로는 농촌생활 개선을 주창하며 1952년, 경기도 용인에 에덴향 그리고 1954년에 경기도 광주군 동부면(현 하남시로 편입)에 가나안 농장을 설립했다.

1962년에는 "일하지 않으면 먹지도 말라"라는 교육 이념에 따라 "근로·봉사·희생"의 기독교 정신에 바탕을 두고 인격을 도야하며 민족정신을 함양한 농촌 지도자를 육성하고자 가나안 농장 안에 제1가나안농군학교를 설립했고, 1973년에는 강원도 원주에 제2가나안농군학교를 설립했다. 가나안농군학교는 복음화를 통한 농민 교육과 사회지도자 양성을 목표로 하는 기독교 사회교육기관이다.

현재 제2가나안농군학교 교장인 김범일 장로는 김용기 장로의 차남이다. 김범일 장로는 고등학생이던 16세 때 농장에서의 과도한 노동량과 긴장감, '내 인생을 누가 책임질 것인가'라는 생각으로 가출을 했으나 집에서 설득하여 7개월 만에 돌아갔다고 한다. 농장에서는 매일 새벽 4시에 종을 치면서 하루의 일과를 시작했는데, 김 장로는 새벽종 치기를 10년이나 했다고 한다.

그러던 어느 날 장래에 대한 불안함, 자신의 남루한 행색, 유학 가는 친구를 보면서 느끼는 허탈감에 더해 아버지의 엄격함으로 인한 좌절감으로 또다시 가출을 했다. 그러나 아버지가 보낸 편지를 읽고 사흘 동안 울면서 기도하다가 더는 불효하지 않고, 죽더라도 아버지의 일터에서 죽기로 결심하고 농장으로 되돌아갔다.

1962년 2월, 가나안 농장의 성공으로 '제1가나안농군학교'가 건립되어 수많은 사람들의 주목을 받게 되었다. 특히 3월에 이 학교에 박정희 대통령이 방문했는데, 이것이 나중에 박 대통령이 새마을운동을 추진하는 데 큰 영향을 미친 것으로 알려졌다. 김 장로는 이런 일을 보면서 비로소 아버지 김용기 장로의 사역이 하나님의 인도하심이라는 것을 깨닫게 되었다.

김범일 장로는 1973년 원주에 제2가나안농군학교를 설립할 때, 혹시 자신이 나중에 마음이 변할지 모르고, 개인의 안일과 부를 위한 도구로 이용할 수도 있다는 생각에 아버지에게 건의하여 재단법인으로 만들었다. 1988년 아버지 김용기 장로가 세상을 떠날 때, 김 장로에게 "네가 고생을 제일 많이 했다. 내가 너에게 해준 것은 사랑밖에 없다. 너는 내 뒤를 따라라"라는 유언을 남겼으며, 유품은 구국기도실 열쇠밖에 없었다고 한다.

주중대사로 근무하던 2006년 5월 말에 가나안농군학교 교장인 김범일 장로가 면담을 요청했다. 나는 그 분에 관해 이야기만 들었을 뿐 한 번도 만난 적이 없었다. 항상 그렇듯이 기도한 다음 6월 1일 오후에 대사관으로 오시도록 연락을 했다.

약속한 날에 김범일 장로가 단둥(丹東) 가나안농군학교 교장 등과 함께 나를 찾아왔다. 김 장로는 가나안농군학교의 현황과 활동에 관해 상세히 설명해주었다. 나는 김 장로의 설명을 들으면서 큰 감동을 받아 대사관에서 도움이 될 일이 있으면 적극 돕겠다고 말했다. 김 장로는 깊은 감사를 표하고 돌아갔다. 그날 밤 김 장로를 위해 기도를 하는데 하나님께서 그를 깊이 축복하셨다.

나는 다음 날 김범일 장로에게 전화해서 전날 기도 내용을 전했다. 김 장로는 매우 기뻐하면서 기도문을 자신에게 이메일로 꼭 보내달라고 요청하여 보내주었다. 나중에 김 장로는 기도문을 보고 감동을 받아 그것을 신앙이 깊은 친지들에게 보여주었다고 하면서 감사를 표했다.

최근에 만난 김 장로가 내게 말했다.

"사실 2006년 장로님을 처음 만났을 때, 가나안농군학교는 여러 가지로 어려움을 겪고 있었습니다. 그때 하나님께서 장로님을 통해 우리를 위로해주시고 힘을 주셔서 극복할 수 있었습니다. 그로 인해 가나안농군학교가 아프리카까지 진출할 수 있게 되었으니, 그저 하나님께 감사할 따름입니다."

자녀들의 고통을 돌아보시는 하나님

2006년 12월 말 김범일 장로가 다시 연락을 해서 2007년 1월 초에 베이징을 방문할 예정인데 꼭 만나고 싶다고 했다. 그래서 1월 5일 저녁을 함께하자고 했더니 김 장로가 옌볜(延邊)에 있는 왕천 가나안농군학교 교장인 정계향 장로와 함께 오겠다고 했다.

나는 김 장로 일행을 만나기 전에 그를 위해 기도했다. 하나님께서 "이제 너에게 여러 가지 일이 생길 터이나 낙담하지 말라. 그 일 또한 내가 계획한 것이니, 너는 나를 의심하지 말고 순종하라"라고 하시면서 "그 일을 중단하라"라는 마음을 주셨다. 나는 내용을 정리해 약속 장소에 가지고 갔다.

김 장로 일행과 식사를 시작하면서 내가 물었다.

"장로님, 지금 혹시 추진하시는 일이 있으십니까?"

"네, 왜 그러시지요?"

"진행이 잘 안 되시지요?"

"무슨 말씀이신지…."

"제가 장로님을 위해 기도했는데, 여러 가지 일이 생길 텐데 낙담하지 말고 순종하라고 하시면서, 그 일을 중단하라는 마음을 주셨습니다."

그랬더니 김 장로가 말했다.

"사실 그동안 중동의 한 국가에 가나안농군학교 설립을 교회와 합동으로 추진해왔습니다. 그 나라 정부와 합의를 거쳐 곧 기공식까지 하기로 했는데 최근 정부에서 차일피일 연기를 해서 아주 답답한 상황입니다."

나는 준비해간 기도문을 김 장로에게 주었다. 그는 기도문을 읽은 후 말했다.

"알겠습니다. 주님의 말씀에 순종하겠습니다. 한국에 돌아가면 교회와 협의하여 전부 중단토록 하겠습니다."

그러면서 농담으로 이럴 줄 알았으면 일을 시작하기 전에 나와 먼저 상의할 걸 그랬다는 말을 덧붙였다.

  김 장로와 저녁을 하기 전에 함께 나오겠다고 한 정계향 장로를 위해서도 기도했다. 그런데 기도를 시작하자마자 고통스러워 눈물이 펑펑 쏟아졌다. 그를 위한 기도를 계속하면서 하나님께서 주시는 마음을 정리해서 가지고 갔다. 그리고 김범일 장로와의 이야기가 끝난 다음 정 장로에게 말했다.

  "그런데 정 장로님은 왜 그렇게 우세요?"

  "무슨 말씀이신지요?"

  "제가 정 장로님을 위해 기도하면서 많이 울었거든요."

  "네?"

  나는 정 장로에게 가지고 간 기도문을 주었다.

제가 너무 힘이 듭니다. 더는 사역을 할 수가 없습니다. 왜 이렇게 어려운지 모르겠습니다. 저를 도와주십시오.

네가 참으로 어려운 환경에서도
나를 위해 사역을 하니 내가 기쁘도다.
네가 나로 인하여 매일 고통스러운 나날을 보내니
내가 기특하도다.
그러나 너는 걱정하지 말라.
이미 내가 너를 위해 필요한 준비를 했나니
네 어려움이 곧 해결될 것이라.

오직 기도하라. 다른 자들과 연합하여 기도하라.
그리하면 네 어려움이 다 해결되리라.
이제 너에게 좋은 일이 있을 것이라.
내가 너를 사랑하여 축복하노니,
네가 원하는 일들이 이루어질 것이라.
다만 너는 주의하라.
그들이 항상 너를 주시하고 노리고 있으니
모든 일을 남의 눈에 띄지 않도록 조용히 행할지어다.
그리하면 그들도 가만히 있으리라.
너는 조용하라. 그리고 기도하라.
그리하면 내가 너를 보호할 것이라.

기도문을 읽던 정 장로가 별안간 눈물을 흘리면서 말했다.

"대사님, 어쩌면 이럴 수가 있습니까? 기도의 내용이 너무 정확하여 마치 살아 움직이는 것 같습니다. 너무 놀랍고 감사합니다."

그러면서 당시 왕천 가나안농군학교가 처한 어려움을 설명해주었다. 김범일 장로 일행이 돌아간 후 나는 대사관의 총영사 등 간부들을 옌벤으로 파견하여 옌벤 자치주정부와 접촉토록 했다. 그리고 주정부에서 가나안농군학교에 대해 가능한 협조를 제공해주도록 요청했다.

한동안 세월이 지난 후 정 장로가 내게 말했다.

"사실 제가 장로님을 처음 만났을 때 왕천 가나안농군학교는 학교를 폐쇄할지 아니면 계속할지를 놓고 고민하던 어려운 상황이었습니다. 그래서 장로님께서 주신 기도문을 읽고 하나님의 위로를 생각하면서 울었던 겁니다.

장로님을 만난 후 대사관에서 총영사를 비롯한 간부들이 옌볜을 방문하여 자치주정부 관리들에게 협조를 요청했으며, 그것을 계기로 모든 상황이 호전되어 지금도 잘 운영되고 있습니다. 모두가 하나님의 은혜입니다. 장로님이 주신 기도문의 말씀대로 전부 이루어졌습니다.

저는 매우 놀랐습니다. 그래서 친한 사람들에게 설명을 했는데, 그들은 믿지를 않았습니다. 주신 기도문을 그들에게 보여주면서 설명하니 비로소 그들도 놀라워했습니다. 저는 그 기도문을 복사하여 일기장에 붙여놓기도 했습니다. 언젠가 회고록을 쓸 기회가 있다면 대사님과 있었던 이야기를 꼭 포함시킬 생각입니다."

이처럼 하나님은 자녀들이 당하는 고통을 다 알고 계신다. 그가 자신의 유익이 아니라 오직 하나님의 영광을 위해 일하면서 고통을 받을 때, 사람을 통해 역사하신다. 그래서 나로 하여금 김범일 장로와 함께 온 처음 만나는 정 장로에게도 하나님의 말씀을 전달하여 그를 위로하게 하시고, 그를 도와 일어서게 하신 것이다.

지금처럼 돈과 재물이 하나님의 자리를 차지하고 사회의 리더라고 하는 많은 사람들이 부유와 사치를 추구하는 때, 김용기 장로님과 김범일 장로 부자가 일생을 농촌에서 살면서 오직 하나님과 다른 사람을 위해 헌신하는 삶을 사는 것은 우리에게 많은 것을 생각하게 한다. 그리고 앞으로 우리는 아버지 김범일 장로의 삶을 이어가려고 노력하는 그 분의 자녀를 보면서 다시 한 번 깊은 감동을 느끼게 될 것이다.

중보하는 자를 위로하시는 하나님

통일부 장관으로 있던 2008년 6월 초 어느 날, 김범일 장로가 내게 전화를 해서 캐나다 토론토 큰빛교회 임현수 목사님이 북한에 갔다가 돌아가는 길에 서울에 잠시 들를 예정인데 나를 만나고 싶어 하니 시간을 달라고 했다. 나는 공휴일인 6월 6일에 저녁을 함께 하자고 했다.

그날 나는 국립 현충원에서 열린 현충일 기념식에 참석한 후 일이 있어 천안에 갔다가 서울로 돌아오는 길에 김범일 장로의 전화를 받았다. 임현수 목사님과 동행하는 재미교포 기업가인 장도원 회장(장로)이 동석해도 좋겠냐고 물었다. 나는 좋다고 하고 전화를 끊고 잠시 생각했다.

'왜 갑자기 이 기업인이 저녁에 참석을 하는가? 혹시 하나님의 뜻이 있으신 것은 아닌가?'

나는 저녁 식사 장소로 가는 도중에 집에 잠시 들러서 장도원 회장을 위해 기도했다. 그리고 하나님께서 주시는 마음을 정리하여 기도문으로 만들어 약속 장소로 갔다. 그 자리에는 이미 김범일 장로와 정계향 장로, 임현수 목사님과 장도원 회장이 기다리고 있었다.

임 목사님이 장도원 회장을 소개했다. 미국에서 '포에버21'이라는 의류 사업을 하는데 미국에서만 수백 개의 매장을 갖고 있으며, 수많은 기부 사업을 하고, 헌금도 십일조가 아닌 십의 8조나 9조를 한다는 것이었다(장도원 회장은 최근 미국과 우리 언론에서 미국 내 한국 교포 중 최고 부자라고 보도된 바 있다. 2011년 9월 23일자 〈동아일보〉 참조).

내가 그에게 말했다.

"회장님은 하나님에 대한 감사함이 많으면서도, 왜 그렇게 마음이 슬프세요?"

"무슨 말씀이십니까?"

"조금 전 김범일 장로님이 전화하셔서 회장님이 오늘 저녁에 오신다고 해서 제가 기도를 했습니다. 그런데 기도 중에 하나님께서 지금 회장님 마음에 슬픔이 있으니 슬퍼하지 말고 기뻐하라는 마음을 주셨습니다."

그리고 그에게 기도문을 주었다. 기도문을 보던 장 회장이 눈물을 흘리면서 말했다.

"저는 평소에 사업이 잘되어 항상 하나님께 감사하는 마음뿐입니다. 그런데 이번에 임현수 목사님과 북한을 돕기 위해 갔다가 당초 계획했던 일들이 잘 진행되지 않아서 마음에 슬픔이 있었는데, 이렇게 위로해주시니 정말 감사합니다."

그러면서 장 회장이 덧붙여 말했다.

"사실 지난 3월 장관님께서 통일부 장관으로 임명된 기사를 보면서 지금까지 한 번도 뵌 적은 없지만 이런 분이 꼭 장관이 되어야 한다고 생각했습니다. 그래서 저로서는 아주 드물게 장관님을 위해 중보기도를 했습니다. 그런데 상관님을 직접 만나 기도문을 받고 보니 더 놀랍고 감사합니다."

당시 상황을 나중에 임현수 목사님이 내게 자세히 들려줬다.

"저와 장도원 회장은 북한을 돕기 위해 갔다가 당초 계획했던 일들이 잘 진행되지 않아 답답한 마음으로 베이징으로 나왔습니다. 그리고 아침 식사를 하면서 왠지 슬픈 마음이 들어 둘이서 그런 이야기를 나누었습니다.

서울로 들어와서 그날 저녁 장관님을 만나 식사를 하는데, 장관님이 장 회장에게 주신 기도문 한 장이 저희들의 상한 심령을 만져주었고, 특히 성령님의 위로에 장 회장이 눈물 흘리는 모습을 보았습니다. 그날 주님은 장로님을 통해서 우리에게 가장 적절한 말씀을 주셨고, 그로 인해 우리들 마음속의 슬픔이 한순간에 사라져버렸습니다."

하나님을 사랑하고 그의 나라를 위해 일하는 자들을 우리 주님은 결코 그냥 두지 않으시고 큰 사랑으로 위로하시고 축복하신다. 장도원 장로가 사업으로 무척 바쁠 텐데도 한 번도 만나지 못한 나를 위해 기도하도록 하시고 또 내게도 한 번도 만나지 못한 그를 위해 기도하게 하셔서, 그가 힘들고 슬플 때 하나님의 마음을 전달하여 위로함으로써 하나님이 살아 계심을 확인해주셨다.

AMBASSADOR OF GOD

CHAPTER 04

영광 속의 고난

떠날 준비를 하라
장관 내정 통보를 받다
참 재미없게 사신 것 같아요
누구를 두려워할 것인가
상생과 공영을 향해
거꾸로 가는 남북관계
당연히 공격을 받아야 합니다
은퇴는 생각하지도 말라
때가 가까워오다
경질 통보를 받다
공직을 떠나다

떠날 준비를 하라

2008년 1월 1일 저녁에 나는 새해를 맞아 새로운 각오를 다지기 위해 평소보다 더 간절한 마음으로 기도했다. 그런데 기도 중에 하나님이 이런 마음을 주셨다.

'네가 이곳을 떠나게 될 것이니, 몸을 가볍게 할지어다. 빨리 떠날 준비를 할지어다.'

2월 25일이면 새로운 대통령이 취임하여 조각(組閣)할 것이며, 새롭게 임명된 외교부 장관이 대통령의 재가를 얻어 공관장 인사를 단행할 것이었다. 그때 주중대사인 나는 교체될 것이 분명했다. 하지만 아그레망 절차도 있고, 빨라야 4월 중에 중국을 떠나게 될 텐데 왜 빨리 떠날 준비를 하라고 하시는지 의문이었다.

그렇지만 8월에 베이징 올림픽이 있는 관계로 혹시 주중대사만

정규 인사 전에 교체할 경우 당초 예정보다 빨리 귀국할 가능성도 배제할 수는 없었다. 나는 3년 8개월이라는 긴 시간 동안 청와대에서 김대중 전 대통령을 모시고 일했으며, 중국으로 발령받고 난 후 노무현 대통령의 참여정부하에서 5년이나 더 주중대사로 일했으니, 새롭게 취임하는 한나라당의 정부에서 장관으로 발탁될 가능성도 희박했다.

그래서 2008년도 첫 번째 직원 전체회의에서 나는 직원들에게 말했다.

"금년 2월 25일에 새로운 정부가 출범하면 외교부 장관 임명과 동시에 주요 공관장들이 교체될 것입니다. 그런데 주중대사는 8월로 예정된 베이징 올림픽을 고려하면 다른 공관장보다 더 빨리 바뀔 가능성이 있습니다. 나는 그러한 상황에 대비해 짐 정리를 2월 말까지 끝내고, 3월부터 이임할 때까지 그동안 가보지 못했던 지방을 돌아볼 생각입니다. 대사 비서관도 2월 중순에는 교체하도록 할 겁니다."

나는 천성환 비서관에게 나와 관련된 모든 서류나 사무실 정리를 2월 말까지 끝내는 동시에 지난 1년 동안 비서실에서 고생이 많았으니, 후임 대사가 오기 전인 2월 중순경 다른 부서로 옮기라고 지시했다.

천 비서관은 2월 18일에 정무과로 자리를 옮기고, 당시 영사과에서 근무하던 김광재 서기관(현재 주상하이 총영사관 영사)이 새롭게 대사 비서관으로 왔다.

장관 내정 통보를 받다

2월 18일에 서울에서 새로운 정부가 각료 내정자들을 발표했다. 예상했던 대로 나는 명단에 없었다. 그날 밤 아내가 워싱턴에 있는 박정미 전도사(《하나님의 대사 1》 41쪽 참조)와 통화를 하다가 내게 수화기를 넘겨주었다.

"대사님, 오늘 새 정부의 각료 명단이 발표됐다면서요?"

"네, 그렇습니다."

"각료가 전부 몇 명인가요?"

"15명입니다."

"그럼, 15명 전부 발표됐나요?"

"네, 전부 발표됐습니다."

"그래요? 그런데 이상하네요. 의자는 15개인데 의자에 앉은 사람은 13명밖에 없네요?"

"그게 무슨 말씀이지요?"

"지금 하나님께서 제게 그림을 보여주시는데, 분명히 의자는 15개인데 의자에 앉아 있는 사람은 13명뿐이네요. 아마 두 사람은 그 자리에 앉지 못할 것 같아요."

"그럴 리가 있나요."

"틀림없어요. 제가 생각하기에는 대사님께서 그 두 의자 중 하나에 앉으실 것 같아요. 하나님께서 그런 마음을 주십니다. 그러니 기도는 계속하시지요."

"그렇게 말씀하시니 기도는 하겠지만, 이미 공식 발표를 했기 때문에 그럴 가능성은 전혀 없다고 생각합니다."

"그렇게 생각하지 마시고, 계속 기도하십시오."

전화를 끊고 박 전도사가 한 말을 아내에게 해주었더니 아내도 설마 그럴 리가 있겠느냐고 했다.

며칠이 지났다. 아내가 교회에서 이광자 전도사(《하나님의 대사 1》 27쪽 참조)와 만났는데 '하나님께서 김 장로가 3일간 금식하기를 원하시니 금식을 하라'고 했다면서 같이 금식을 하자고 했다. 가끔 하루나 이틀 금식은 했지만, 외교관이란 자주 사람들을 만나 식사를 하며 일해야 하는 직업인 관계로 3일 금식은 하기가 힘들었다. 그래도 내가 믿음 생활을 시작할 때부터 늘 기도해주며 사랑을 아끼지 않는 이 전도사의 권유에 순종하는 마음으로 2월 23일 토요일 아침부터 아내와 함께 금식을 시작했다.

그런데 그날 오후에 이 전도사가 관저로 왔다. 내가 주중대사로 근무한 6년 반 동안 이 전도사가 혼자 관저로 찾아온 것은 처음이었다. 내가 놀라서 물었다.

"아니, 전도사님 웬일이세요?"

"하나님께서 대사님을 직접 찾아가서 전하라고 하셨어요."

그러면서 기도 중에 받은 하나님의 마음을 내게 전해주었다. 더불어 금식의 중요성을 강조하면서 함께 기도하자고 했다. 두 시간 정도 함께 기도한 후 이 전도사는 시편 말씀을 많이 읽으라고 권면하고 돌아갔다. 금식 3일째가 되는 25일에 이명박 대통령 취임식을 텔레비전으로 시청했다.

취임식 다음 날인 26일에 야당이 총리 후보 인준을 위한 표결을 반대하면서, 동시에 통일부 장관과 환경부 장관의 임명에 대한 청문회를 거부한다는 발표가 났다. 그리고 27일에 두 장관 후보자가 자진 사퇴를 발표했다. 나는 뉴스를 보면서 15명 중에 2명은 그 의자에 못 앉을 것 같다는 박정미 전도사의 이야기를 기억하고 몸에 전율이 흐르는 듯했다.

3월 1일은 토요일이었다. 오후에 나는 오랜만에 대사관 근처에 있는 차오양(朝陽)공원으로 산보를 갔다. 조용한 공원을 걷고 있는데 갑자기 휴대폰이 울렸다. 받아보니 청와대 고위인사였다.

"최근 통일부 장관 후보자가 자진 사퇴함에 따라 대사님이 후임으로 내정되었습니다. 내일(3월 2일) 공식 발표가 있을 것이니 바로 귀국해주십시오."

"대사가 주재국에 대해 최소한의 작별 인사는 해야 하니 며칠간의 말미를 주십시오."

"현재 국내 사정이 급하니 일단 귀국하여 청문회를 통과한 다음에 정식 인사를 위해 중국에 다시 다녀오시면 되지 않겠습니까?"

"네, 알겠습니다. 그렇다면 4일에 귀국하겠습니다."

전화를 끊고 나는 공원 벤치에 앉아 하나님께 감사기도를 드렸다. 국민의정부에서 대통령 외교안보수석비서관으로, 참여정부에서 주중대사로 근무했던 내가 10년 동안 야당으로 있던 정부의 장관이 된다는 것은 현실적으로 상상하기 어려운 일이었다. 더구나

30여 년을 몸담고 있던 외교부가 아니라 통일부 장관은 더더욱 그러했다.

그러나 하나님께서는 주중대사관에 근무하는 한 여자 외교관을 통해 이미 2007년 봄부터 통일부 장관을 할 것이라고 하셨고, 나중에는 그녀에게 두 개의 악기 꿈까지 보여주셨다(《하나님의 대사 2》 46-49쪽 참조). 그리고 하나님의 사람들을 통하여 기도를 시키셨다. 나는 하나님의 그 지극하신 사랑을 생각하며 감사할 수밖에 없었다.

참 재미없게 사신 것 같아요

2008년 3월 10일 아침 9시 반경 나는 국회의사당 내에 있는 통일외교통상위원장실로 갔다. 얼마 후 인사청문회에 참석하는 여야 국회의원들이 위원장실로 들어오기 시작했다. 그중 한 의원이 내게 말했다.

"김 장관님은 그동안 참 재미없게 사신 것 같아요."

"무슨 말씀이신지요?"

"이번에 장관님에 대하여 조사를 해보니까 별 재미가 없어요. 아들 둘이 다 군대에 갔다 왔고, 재산도 별 볼일이 없고, 주중대사만 오래 했으니까요."

나는 그저 웃을 수밖에 없었다.

9시 50분경 내가 먼저 청문회장으로 들어가고, 10시에 인사청문회에 참석하는 국회의원들이 들어왔다. 그리고 10시 4분부터 인사청문회가 시작되었다. 10시 9분에 나의 선서와 모두(冒頭)발언이 있은 다음, 바로 국회의원들의 질의가 시작되었다. 약 한 시간에 걸쳐 5명의 의원들의 질의가 있고 나서 11시 13분에 김원웅 청문회 위원장이 말했다.

"다음 의원님 질의에 앞서 효율적인 의사 진행을 위해서 인사청문 경과보고서 채택의 건을 먼저 의결하고자 합니다. 그러면 의사일정 제4항 국무위원 후보자(통일부 장관 후보자) 인사청문 경과보고서 채택의 건을 상정합니다. 인사청문회법 제9조 조항에 따라 위원회는 인사청문회를 마친 날로부터 3일 이내에 보고서를 의장에게 제출하여야 합니다.

통일부 장관 후보자에 대한 보고서는 위원님들의 의정활동 편의를 위해 청문회 종결 후 위원장이 간사 위원들과 협의하여 작성하여 제출하도록 위임해주셨으면 하는데 이의가 없으십니까? 그러면 가결되었음을 선포합니다. 질의를 계속하도록 하겠습니다. 다음 위원님께서 질의해주시기 바랍니다."

나는 처음에 어리둥절했다. 인사청문회 질의 중간에 인사청문 경과보고서가 채택되고 질의를 속개한다는 것이 절차상 선뜻 이해가 되지 않았다. 질의가 속개된 다음 한 위원이 말했다.

"청문회 사상 도중에 인사청문 경과보고서를 결의한 것이 아마 처음일 것 같습니다. 그만큼 내정자에 대한 신뢰와 그동안 공직자로서의 공적에 대해서 충분한 사전 평가가 있었던 것 같습니다."

다른 위원이 질의를 시작하면서 말했다.

"자료를 봤더니, 장관 내정자의 재산 관계나 병역 문제 또 자녀들의 병역 문제 모두 다 훌륭하게 잘되어 있는 것 같습니다. 공직자로서 흐트러진 것 없이 공직생활을 잘하신 것에 대해 먼저 평가를 드립니다."

또 다른 위원이 말했다.

"김하중 대사님이 후보자로 내정됐다는 소식을 듣고 이명박 정부의 장관 인사 중에 제일 잘된 일이라는 생각을 하고 환영했습니다."

그러자 한 위원이 질의 도중 농담을 했다.

"후보자께서《떠오르는 용 중국》이라는 책을 썼는데, 유감스럽게도 다른 사람은 다 준 모양인데 나한테는 안 줬더라고요. 곧 보낼 겁니까, 안 보낼 겁니까?"

"보내드리겠습니다."

11시 13분에 인사청문 경과보고서를 채택한 후에도 질의는 오후 4시 35분까지 계속되었다. 인사청문회 내내 앞으로의 대북 정책과 햇볕정책의 공과를 둘러싼 공방이 오갔지만, 대부분 정책적인 문제들이었다. 어쩌면 그것은 여야 국회의원들의 나에 대한 기대감 때문이었을지도 모른다.

인사청문회가 끝난 다음, 몇몇 국회의원들이 내게 말했다.

"장관님, 진심으로 축하합니다. 인사청문회 중간에 인사청문 경과보고서를 채택한 일은 지금까지 없었고, 앞으로도 없을 겁니다."

인사청문회가 끝난 후 나는 집에 돌아와 하나님께 감사했다. 정책 문제가 아닌 이상한 문제로 부끄럽게 되어 나를 사랑하고 지지하는 사람들을 실망시키는 일이 일어나지 않았다는 것이 진심으로 감사했다.

최근 언론 보도를 보면, 지난 3년여 동안 국회 인사청문회 후보자로 지명된 고위공직자 80퍼센트 이상이 수많은 논란에 휘말렸다고 한다. 30여 년의 공무원생활을 끝내면서 장관으로 임명되어 그런 구설수에 휘말리지 않고 오히려 국회의원들로부터 인정받고 평가를 받으며, 인사청문회 사상 처음으로 의원들의 질의 도중 인사청문 경과보고서가 채택되었다는 사실은 지금 돌이켜보아도 감사한 일이고, 하나님의 도우심이 없으면 불가능한 일이었다.

누구를 두려워할 것인가

인사청문회를 마치고, 11일 오후에 나는 청와대에서 통일부 장관 임명장을 받았다. 그리고 바로 통일부로 가서 장관 취임식을 가졌다. 나는 취임사에서 통일부가 해야 할 일과 마음의 각오를 다짐하면서 말했다.

"저는 우리에게 주어진 역사적 사명을 수행하는 데 있어 가장 중요한 것이 '사랑'이라고 생각합니다. 우리는 조국을 사랑하는 동시에 북녘의 동포들을 깊이 사랑해야 합니다. 그것도 뜨거운 마음으로 눈물을 흘리며 사랑해야 합니다. 그래야 문제가 풀릴 수 있습니다. 그리고 모든 부처의 사람들과 화평해야 합니다. 우리가 마음의

문을 열고 겸손한 마음으로 최선을 다한다면 반드시 모든 부서와 국민들로부터 사랑과 지지를 받을 수 있다고 확신합니다. 이를 위해 저부터 앞장서겠습니다. 여러분들도 함께해주시기를 간곡히 부탁드립니다."

그날 밤, 나는 이후에 다가올 수많은 공격과 어려움을 생각하면서 하나님께서 지키시고 보호해주시기를 간절히 기도했다. 왜냐하면 당시 인사청문회에서 명확하게 드러났듯이 과거 국민의정부와 참여정부의 대북 정책을 비난하면서 북한에 대한 강력한 대응을 요구하는 여당과 10·4선언의 이행을 요구하면서 남북관계의 단절이나 경색은 바람직하지 않다는 야당의 주장이 극명하게 대립되어 있는 상황이었다.

여야 모두 자신들의 입장을 관철시키기 위해서는 통일부 장관인 나를 강력히 압박하는 것 외에 다른 방법이 없었다. 그래서 나는 '왜 하나님께서 이 시기에 나를 이 자리에 앉히셨을까'와 '앞으로 어떻게 해야 할까'를 거듭 생각하고, 다음과 같이 마음먹었다.

- 여당과 야당의 극단적인 대립 사이에서 어떻게 해서든지 절충점을 찾아내어 국론이 분열되지 않고, 남북관계가 경색되거나 단절되지 않도록 노력한다.
- 이 과정에서 누구의 어떠한 공격과 비난도 기쁘게 감내한다.
- 항상 역사를 생각하면서 자리에 연연하지 않고, 내부적으로는 언제 어디서 누구에게든지 장관으로서 할 말은 다 한다.

• 적절한 시기에 명예롭고 깨끗하게 떠난다.

나는 장관으로 정식 출근하기 전날 밤 시편을 읽으면서 계속 기도했다. 그리고 시편의 한 부분을 생각하면서, 그 부분을 30부 정도 복사해서 다음 날 출근하자마자 사무실 내 책상 오른쪽 위에 놓아두었다.

며칠 후 홍양호 차관(현재 개성공단관리위 위원장)과 김호년 대변인(현 개성공단관리위 부위원장)이 내 집무실로 들어와서 신문에 나에 대한 비판적인 기사가 났다고 보고했다. 나는 이미 신문을 보아 알고 있었다. 내가 김 대변인에게 물었다.

"그 기사를 쓴 기자가 통일부에 출입하지요?"

"예, 출입합니다."

"그럼, 이것을 그에게 주세요."

"이게 뭡니까?"

"아, 성경에 나오는 시편이라는 것인데, 옛날 이스라엘의 다윗이라는 왕이 쓴 시에요."

"무슨 내용인가요?"

"하나님의 사람들을 함부로 비판하면 안 된다는 내용이에요."

"네, 알겠습니다."

그리고 며칠이 지났다. 차관과 대변인이 또 다른 신문에 나에 대한 비판적인 기사가 났다는 보고를 했다. 나는 대변인에게 시편을 복사한 것을 주면서 출입 기자에게 주라고 말했다. 얼마 후 대변인이 또 비슷한 보고를 해서 복사물을 주려고 하니 그가 아예 대변인실에 복사를 해놓았다고 하면서 앞으로는 직접 출입 기자에게 주겠다고 했다.

나는 장관으로 있는 동안 항상 간부나 직원들에게 어느 누가 무어라 비판하거나 욕을 해도 절대로 놀라거나 두려워하지 말라고 했다. 만일 우리가 잘못한 거면 고치면 되고, 잘못한 게 없으면 설명을 하되 변명하지 말고 당당하게 행동하라고 말했다. 그러면서 "어떤 문제가 발생하더라도 다 내가 책임질 테니 아무 걱정도 하지 말라"고 강조했다.

나를 장관으로 보내신 이가 하나님이요, 내보내실 이도 하나님이신데 누구를 두려워할 것인가! 나는 장관으로 있는 동안 어떠한 일이 발생하고 누가 뭐라 해도 절대로 두려워하지 않고 담대하게 말하고 행동하려고 노력했다.

여호와는 내 편이시라 내가 두려워하지 아니하리니 사람이 내게 어찌할까 시 118:6

상생과 공영을 향해

내가 통일부 장관으로 취임한 2008년은 대한민국 정부 수립 60주년이 되는 해였다. 그것은 남북이 분단된 지 60년이 된 것을 의미하는 동시에 우리가 남북통일을 위해 그 세월 동안 노력해왔다는 것을 뜻하기도 했다. 그동안 많은 굴곡이 있었지만 한반도의 평화와 통일을 위한 노력은 끊임없이 계속되어 왔다.

나는 이 같은 상황에서 정부의 중요한 임무는 남북관계 개선을 통해 한반도에 공고한 평화를 정착시켜, 전쟁의 걱정 없이 남북이 하나로 어우러져 부강한 한민족 공동체를 건설하는 것이라고 생각했다. 왜냐하면 평화로운 한반도야말로 국민들이 안정된 삶을 누리고 대한민국이 선진 강국으로 도약하기 위한 기초이기 때문이다. 이를 위해서는 미래지향적인 목표를 공유하면서 남과 북 모두에게 이익이 되는 실질적인 방안을 찾는 노력이 필요했다.

그런데 내 임명에 관한 인사청문회에서 표출된 여야 국회의원들의 입장은 달랐다. 우선 여당인 한나라당 의원들은 과거 정부의 대북 정책에 대한 국민공감대 형성의 노력이 부족했음을 지적하고, 새로운 정부의 "비핵·개방·3000 구상"이 북한의 핵 문제 해결을 촉진하고 지원하는 역할을 수행할 수 있도록 노력해야 한다고 주장했다. 또한 북한이탈주민에 대한 난민 지위 인정을 위해 통일부 장관으로서 적극적인 대책을 수립할 것을 주문했다.

반면 야당 의원들은 지난 정부의 통일 정책의 문제점은 개선하되, 긍정적인 성과는 활용함으로써 남북관계의 단절이나 경색 등 바람직하지 못한 결과가 초래되지 않도록 해야 한다고 요구했다. 특히 남북 간 신뢰 구축과 통일 정책의 연속성 등을 고려하여 남북 정상회담 합의서 및 총리회담 합의서의 이행 등과 관련된 사항에 대해서는 그대로 유지되어야 한다고 주장했다. 또한 북한에 대한 인도적 지원은 모니터링 강화 등을 통한 분배 투명성 확보를 전제로 여타 현안과 연계하지 말고 지속적으로 수행해달라고 요구했다.

'이렇게 극명하게 대립되는 여당과 야당 사이에서 합일점을 찾을 수 있는 대북 정책이 무엇일까?'

나는 3월 26일로 예정된 대통령에 대한 첫 번째 업무 보고가 아주 중요하다고 생각했다. 왜냐하면 이를 통해 향후 5년간의 대북 정책의 틀이 만들어지기 때문이었다. 나는 통일부 간부들과 대통령에 대한 업무 보고 내용에 관한 토의를 계속했다. 장시간 토의와 준비를 거쳐 어느 정도 틀이 확정되었다.

남은 것은 대북 정책의 명칭이었다. 그동안 이미 과거 정부에서 여러 가지 이름을 사용했기 때문에 선택의 폭이 많지 않았다. 여당이나 야당도 받아들일 수 있고 북한의 입장도 감안한 이름을 찾기 위해 간부들과 고심하면서 토의를 계속했다. 집중적인 토의를 거쳐 우리는 대통령에 대한 업무 보고에 '상생·공영'이라는 명칭을 사용하기로 결정했다. 그리고 상부의 유관부서와도 사전에 충분한 의견을 교환했다.

3월 26일 통일부는 '상생·공영의 남북관계 발전'이라는 제목으로 대통령에 대한 최초 업무 보고를 했다. 다음은 보고의 주요 내용이다.

- 이명박 정부는 '한반도 평화통일의 기초를 다지는 정부'로서 그 위상을 확립하게 될 것임.

• 정부의 통일 정책 목표를 상생과 공영의 남북관계로 정립하고, 이러한 방향에서 남북 간에 보다 호혜적으로 협력하도록 하며, 원칙 있는 설득과 포용의 자세로 대화에 임할 것임.
• 이를 위해 2008년도 통일 업무의 목표를 '상생·공영의 남북관계 발전'으로 설정하며, 실용과 생산성을 바탕으로 남북관계를 상생과 공영의 관계로 전환해나가도록 노력함.
• 다만 그동안 제기되었던 국민의 비판과 우려를 유념해서 1)실용과 생산성 2)원칙에 철저하되 유연한 접근 3)국민들의 합의 4)국제 협력과 남북 협력의 조화 등 4가지 원칙을 확고히 견지하여 정책을 추진해나감.
• 남북관계 발전의 속도와 폭, 그리고 추진 방식은 북핵 문제의 진전, 경제적 타당성, 재정 부담 능력, 국민적 합의 등을 기준으로 조정함.

이러한 내용의 대통령에 대한 업무 보고를 통하여 새로운 정부의 대북 정책은 '상생·공영의 대북 정책'으로 확정되었다.

거꾸로 가는 남북관계

나는 업무 보고를 통하여 북한에 '상생·공영'이라는 메시지를 전함으로써 남북관계에 긍정적인 영향을 미칠 것을 기대했다. 그러나 북한은 우리의 정책을 자세히 알아보지도 않고 3월 27일에 남북경제협력협의사무소의 우리 측 당국자들을 철수시켰다. 우리는 북한의 일방적 철수 요구에 따른 책임이 북한 측에 있음을 밝히고 조속한 정상화를 촉구했다.

그러나 북한은 오히려 29일에 우리 정부가 6·15 공동선언과 '10·4 선언'을 부정하고 있다고 주장하면서 모든 남북 간의 대화를 중단하며 접촉을 거부하겠다고 발표했다. 급기야 4월 1일에는 우리 대통령의 이름을 직접 거명하고 비난하면서, 우리의 '비핵·개방·3000 구상'을 '선(先)핵 폐기론', '대결론'이라고 주장했다.

이런 상황에도 우리는 북한의 비난에 맞대응하지 않고 의연하게 대처하면서 대화를 통해 남북 간 모든 문제를 협의하여 해결한다는 기본 입장을 견지했다. 우리는 6·15 공동선언과 10·4 선언을 부정한 적이 없음을 명백히 하고, '비핵·개방·3000 구상'에 대한 우리의 입장을 설명하면서 대화에 나올 것을 제의했다. 이를 위하여 4월 17일, 대통령이 미국 〈워싱턴포스트〉와의 회견을 통하여 서울과 평양에 상설대화기구 설치를 제안했으나 북한은 26일에 이를 거부했다.

우리 정부는 북한의 비난에도 불구하고 대화의 돌파구를 찾아보고자 6월 4일에 옥수수 5만 톤을 지원하겠다고 발표했지만, 북한은 아무런 반응을 보이지 않았다. 이명박 대통령은 6일 현충일 추념사를 통하여, 그동안 남북 간 대화와 교류 협력에 상당한 진전이 있었음을 평가하면서 남과 북이 진정으로 화해하고 협력하여 한반도의 평화와 공동번영 그리고 통일을 위하여 힘쓰자고 제의했다.

그리고 7월 11일 제18대 국회 개원식에 참석한 대통령은 개원 연설에서 직전에 발생한 금강산에서의 우리 관광객 피격 사건에도 불구하고, '상생과 공영'의 길을 개척하겠다는 의지를 밝히고 선언의 시대에서 실천의 시대로 나아갈 것임을 강조하면서 남북 당국의 전면적인 대화 재개를 제의했다. 사실 대통령의 이러한 연설 내용은 여러 가지 어려운 상황에서도 우리의 대화 의지를 강력히 나타낸 것으로 아주 중요한 의미를 가지고 있었다.

그러나 그날 금강산에서 우리 여성 관광객이 북한군 총격에 의하여 사망하는 사건으로 인하여 대통령 연설의 의미가 퇴색되었다. 오히려 북한은 8월 9일 금강산 피격 사건과 관련하여, 금강산지구 내의 불필요한 우리 측 인원 추방, 인원 및 차량의 군사 분계선 통과 제한, 사소한 적대 행위에 대한 군사적 대응 등을 발표함으로써 남북관계를 더욱 경색시켰다.

그럼에도 불구하고 대통령은 8월 15일 광복절 제63주년과 대한민국 건국 60주년 경축사를 통하여 통일 한국의 꿈을 제시하며, 남과 북이 함께 '상생과 공영'의 길로 나갈 것을 다시 제의했다. 그런데 갑자기 8월 말에 김정일 위원장의 와병설이 유포되기 시작했고, 김 위원장이 9월 8일 북한의 정권 창건 60돌 중앙보고대회는 물론 9일 정권 창건 기념행사에도 참석하지 않음으로써 그의 와병설이 증폭되어갔다.

9월 25일, 북한이 우리에게 갑작스럽게 남북군사실무회담 개최를 제의했고, 10월 2일 개최된 남북군사실무회담에서 북한 측은 우리가 대북 전단을 계속 살포한다면 개성공단과 개성관광에 엄중한 후과(後果)가 있을 것이며 군사분계선을 통한 우리 측 인원의 통행을 제한할 것이라고 위협했다.

이와 같은 북한의 끊임없는 비난과 위협에도 불구하고, 우리는 10월과 11월 두 차례에 걸쳐 통일부 대변인 명의로 6·15 공동선언과 10·4 선언 이행을 위하여 현실적인 기초 위에서 협의할 용의가 있으니 당국 간 협의를 하자고 제의했다. 하지만 북한은 12월 1일 문산-봉동(개성공단 입구) 간 열차 운행을 중지하고, 남북경제협력협의사무소를 폐쇄하며, 개성관광을 중지하는 동시에 개성공단 및 금강산 지역 체류 및 방북 인원을 제한하는 강경한 조치를 실시했다.

2008년 내내 북한이 보여준 태도는 실망스러웠다. 나는 이 기간 내내 끊임없이 하나님께 도와주실 것을 기도했다. 그러나 남북관계는 앞으로 나아가는 것이 아니라 거꾸로 후퇴하고 있었다. 이 상황이 다 하나님의 뜻일 것이라고 생각하면서도, 하나님께서 남북한을 축복해주시고 우리 민족을 긍휼히 여겨주시기를 간구했다.

당연히 공격을 받아야 합니다

2008년 9월부터 제18대 국회의 본격적인 활동이 시작되었다. 국회는 이미 총선을 통하여 여당인 한나라당이 압도적 다수를 차지하고 있었다. 9월 10일 처음 열린 외통위(외교통상통일위원회)에서 가장 관심을 끈 이슈는 '김정일 위원장의 건강 이상설'이었다. 국회의원들은 집요하게 나에게 언론 보도의 사실 여부와 사실일 경우 관련 사항을 설명할 것을 요구했다. 그러나 나는 끝까지 이에 대해 언급하지 않았다.

한편 한나라당의 일부 의원들은 햇볕정책의 잘못을 지적하면서 그동안의 대북 정책이 실패라고 강조하며 이에 대한 내 동의를 구하려 했다. 그러나 나는 지난 10년 동안의 대북 정책이 속도와 방법과 형식에 다소 문제가 있었고, 또 그것이 국민들로부터 충분한 합의를 도출하지 못했던 점을 인정했다. 하지만 실패라고는 생각하지 않으며, 우리가 해준 것에 비해 북한의 변화가 미흡하기는 했지만 햇볕정책은 남북관계에 많은 긍정적인 변화를 가져왔다고 답변했다. 반면 야당 의원들은 정부의 비핵·개방·3000 구상을 비난하면서, 6·15 선언과 10·4 선언을 계승할 것과 나아가 북한에 대한 인도적 지원을 요구했다.

그리고 10월 6일과 23일에는 통일부에 대한 국회의 국정감사가 진행되었다. 9월에 있었던 외통위에서의 경험을 고려하여, 나는 국정감사에 앞서 외통위 위원들에 대한 보고에서 말했다.

- 우리의 대북 정책은 어느 특정 시기, 특정 정권의 산물이 아님.
- 1980년대 말 국제 냉전 종식의 흐름 속에서 우리나라도 이러한 변화에 능동적으로 대처하여 한반도 평화 정착과 통일의 기반을 구축하고자 하는 방향을 모색했음.
- 그 후 오늘날까지 역대 정부는 당시의 상황과 여건에 따라 속도

와 방식은 달랐지만, 이러한 방향의 일관성을 유지해왔음.
- 특히 지난 10년 동안 화해협력정책은 남북관계 발전과 북한 내부 및 북한 주민의 대남의식 변화를 유도하는 데 정책의 주안점을 두고 추진되었으며, 그 결과 성과도 있었지만 다른 한편 정책 추진 과정에서 여러 가지 비판도 제기되고 남남 갈등을 유발하기도 했음.
- 현 시점에서 과거 정책의 공과를 평가할 필요는 있겠으나 어느 한 측면만을 강조하여 정책의 실패로 규정하거나 잘못된 것으로 비판하는 것은 국민합의를 위해서나 남북관계를 위해서 바람직하지 않음.
- 지난 정책의 성과를 최대한 활용하고 국민의 비판을 수용하여 개선해나가면서 남북관계를 한 단계 높게 발전시켜 나가는 것이 한반도 미래와 국익을 위해 바람직하다고 봄.
- 상생·공영의 대북 정책은 이러한 정신에 입각해 있음.

그러나 국정감사 과정에서 햇볕정책에 대한 공격은 계속되었고, 여당의 일부 의원들은 내 답변에 대해 불만을 토로했다. 반면 야당 의원들은 정부의 대북 정책을 공격하면서 똑같이 반응했다. 이를 본 어느 의원은 "통일부 장관이 여당이나 야당 모두에게서 공격을 받으니 그 처지가 참 고통스럽겠다"라고 말했다. 내가 대답했다.
"저는 이 시대, 이 시점에 통일부 장관으로서 국가 정책의 균형을 잡으려면 당연히 공격을 받아야 하고, 어려운 입장에 처해야 된다고 생각합니다. 제가 이 자리에 앉아 있으면서 그런 것을 피한다면 아마 대북 정책을 수행할 수가 없을 겁니다. 저는 통일부 장관으로 있는 한 제 입장에 대해서 애매모호하고 불명확한 것 아니냐는 지적을 받더라도 그것을 감수할 수밖에 없다고 생각합니다.

남북대화 문제에 관해서 제가 일관성이 없다고 말씀하시는데 물론 그렇게 보일 수도 있습니다. 그렇지만 여기 계신 여야 분들 어느 누가 남북관계가 나쁘게 되기를 원하시겠습니까. 다 좋게 되길 원하지만 각자 입장에 따라서 말씀하시다보니 그런 것인데, 저는 시간이 지나 남북관계가 개선되어 방향을 잡으면 여야가 충분히 일치된 의견을 갖고 나아갈 수 있으리라 생각합니다."

한번은 외통위에서 한 국회의원이 내게 더는 북한에 대해 전략적으로 모호하게 말하지 말고 솔직하고 확실하게 대북 정책을 국민들에게 설명해야 한다고 말했다. 그래서 내가 대답했다.

"통일부는 싸우려고 있는 것이 아닙니다. 남북관계를 발전시키려고 있는 부서입니다. 명확하게 이야기할 것은 하지만, 또 모호성을 유지할 것은 반드시 유지해야 한다고 생각합니다. 저희들이 속 시원하게 말을 다 하고 나면 남북관계는 더 발전할 가능성이 없습니다. 그래서 누가 뭐라고 하든 계속 모호성을 유지할 것이고, 말은 또 할 것입니다. 그러면서도 포용적인 입장에서 너그럽고 후하게 북한을 대하겠습니다."

나는 장관을 시작할 때부터 대북 문제에 관해 극명하게 대립하는 현실에서 어느 한 편만을 들게 되면 결국 더 큰 갈등을 불러올 것이라고 믿었기 때문에 내가 아무리 욕을 먹고 공격을 받는다 하더라도 어려움을 기꺼이 감내하고자 했다.

나는 당시 국회 모습이 바로 우리 사회의 이념적 분열을 상징적으로 보여주는 것으로 생각하고, 국민을 대변하는 국회의원들이 자신을 지지하는 국민들의 의견을 전달하기 위해 내게 불만을 토로하고 공격하는 것을 기쁘게 받아들였다. 그리고 매일 그들을 위해 기도했다. 특히 나를 공격하는 국회의원들을 더 축복해주시도록 하나님께 기도했다.

은퇴는 생각하지도 말라

9월 중순에 평소에 잘 아는 캐나다 목사님들과 함께 식사할 기회가 있었다. 그들은 한국에서 집회를 하는 중이었는데, 우리는 주로 하나님의 살아 계심과 성령의 역사하심에 관해 많은 이야기를 나누었다. 식사가 끝나 커피를 마시는데 갑자기 한 목사님이 하나님께서 나에 대한 마음을 주시니 기도를 하겠다고 했다.

"하나님은 당신이 은퇴에 관해 말할 때 웃고 계십니다. 왜냐하면 그분은 당신을 위해 더 많은 것을 준비하고 계시기 때문입니다. 그것은 앞으로 나아가는 과정 중 일부분입니다. 하나님이 당신에게 '준비하라'고 말씀하십니다.

앞으로 당신에게 많은 일이 있을 것입니다. 더 많은 영향력과 더 많은 부르심이 당신에게 올 것입니다. 사람들을 두려워하지 마십시오. 하나님이 당신과 함께하십니다. 당신은 어려움들을 뚫고 나갈 것입니다. 은퇴에 대해서는 생각지도 마십시오. 앞으로 더 많은 일을 할 것입니다.

하나님은 비질을 하시듯 당신의 길을 깨끗하게 하실 것입니다. 매일 당신에게 성령님이 폭포수처럼 넘칠 것입니다. 성령님은 당신에게 새 포도주 주머니와 아이디어와 통찰력을 주실 것입니다."

기도를 들으며 처음에는 무슨 말인지 잘 이해하지 못했다.

'별안간 하나님께서 왜 은퇴라는 말씀을 하시지?'

그러다가 불현듯 앞으로 내가 장관직을 떠나게 될 것이지만 그것을 은퇴라고 생각하지 말라는 뜻임을 깨닫게 되었다.

얼마 후 국무회의에 함께 참석한 한 장관급 인사가 할 이야기가 있다고 하면서 점심 초청을 했다. 사실 그 인사는 나와 업무의 연관성이 전혀 없기 때문에 무슨 이야기를 하려는지 궁금했다. 식사를 하면서 그가 내게 물었다.

"제가 국무회의에 참석하면서 모든 참석자들의 얼굴과 행동을 유심히 관찰하고 있는데, 장관님의 얼굴은 항상 평안하고 행동도 다른 사람들과 달리 아주 담대하셔서 깊은 인상을 받았습니다. 어떻게 하면 그럴 수 있는지 알고 싶어 뵙자고 했습니다."

나는 신앙에 관해 이야기하면서 세상의 누구도 의지하지 않고, 무서워하지 않으며 오직 하나님만을 의지한다고 말했다. 그리고 덧붙여 말했다.

"저는 얼마 지나지 않아 이 자리를 떠날 겁니다."

그러자 그가 말했다.

"그럴 리가 있겠습니까. 제가 볼 때는 장관께서 그 자리에 오래 계실 것 같습니다."

"그렇지 않습니다. 사람에게는 다 때가 있습니다. 앞으로 개각이 있게 되면 제가 가장 먼저 떠나게 될 겁니다."

그는 계속 그럴 가능성이 없다고 말했다. 그로부터 4개월 뒤인 2009년 2월에 나는 통일부 장관직에서 물러났다.

퇴임 후 한승수 전 총리와 전직 장관들과의 모임이 있었는데, 우연히 그 인사가 동석을 했다. 그는 현직에 있었지만 본인이 원하여 참석했다. 식사를 하는데 그가 총리에게 말했다.

"2008년 가을에 김하중 장관님과 식사하는데, 그때 김 장관께서 앞으로 개각이 있으면 자신이 제일 먼저 물러날 것이라고 해서 절대로 그렇지 않을 것이라고 말한 적이 있습니다. 그런데 몇 개월 뒤 정말 김 장관께서 물러나는 것을 보고 깜짝 놀랐습니다."

그래서 내가 대답했다.

"그것은 하나도 놀랄 일이 아니지요. 원래 다 그렇게 되어 있었던 겁니다. 제가 그 이야기를 한 총리님께도 말씀드렸습니다."

사람들은 신상에 중요한 일이 생기면 놀라지만 하나님의 사람은 놀랄 일도 없고 무서워할 일도 없다. 왜냐하면 모든 것이 항상 하나님의 계획 아래 있기 때문이다.

때가 가까워오다

2008년 11월 28일 조간신문들은 당시 북한을 방문했던 민노당 대표단이 방북 결과를 설명하기 위해 김대중 전 대통령을 면담했는데, 김 대통령이 그 자리에서 "현재 이명박 정부가 남북관계를 의도적으로 파탄내고 있다"라고 말했다고 보도했다.

나는 기사를 보면서 나중에 꼭 사실 여부를 확인해보아야겠다고 생각했다. 지난 30여 년 공직생활을 통하여 언론에 보도된 내용과 사실에 차이가 있는 것을 수없이 보아왔기 때문이다. 그래서 나는 어떤 경우에도 언론에 난 이야기나 다른 사람들이 하는 말만을 듣고 판단하거나 결정하지 않으려 했다.

그날 오전 국회에서 외통위(외교통상통일위원회)가 열렸다. 나는 남북교류협력에 관한 법률 개정안 심사를 위해 그 자리에 참석했다. 먼저 그 법률안을 발의한 국회의원의 제안 설명과 전문위원의 검토 보고가 있은 후 위원들의 질의가 시작되었다.

맨 먼저 한나라당 위원이 질문을 했다.

"김대중 전 대통령께서 최근에 이명박 정부가 남북관계를 의도적으로 파탄내려 하고 있다고 주장하셨는데, 국민들에게 이 부분에 대해서 통일부 장관이 명확하게 설명하고 우리 정부 입장을 얘기해주시기 바랍니다."

내가 대답했다.

"김대중 전 대통령께서 어떠한 상황에서 어떻게 말씀하신 것인지 신문에 나온 구절만 갖고 말씀드리기 어렵습니다. 다만 김대중 전 대통령께서도 오랫동안 남북관계를 해오셨고, 전직 대통령이며 국가의 원로로서 현재의 남북관계에 대해서 안타까워서 하신 것으로 이해하고 있습니다."

"아니, 이명박 정부가 남북관계를 의도적으로 파탄내려 한 적이 있느냐고 묻지 않습니까?"

"저희는 의도적으로 그런 일을 한 적이 없습니다."

그 위원은 "그렇다면 전직 대통령이 국민들을 향해서 잘못된 이야기를 했는데 통일부 장관이 지적을 해야 될 것 아니냐"라고 따졌다. 나는 그것은 언론에 보도된 것뿐이지 그 분을 만나서 직접 들은 것도 아니고, 더욱이 통일부 장관으로서 전직 대통령이 말씀하신 것에 대해서 무어라 하기가 어렵다고 대답했다.

그 위원은 나중에 내게 "이명박 정부의 통일부 장관 맞아? 대답을 그런 식으로밖에 못해!"라면서 퇴장했다. 나는 "무슨 말을 그렇게 하느냐?"라고 항변했다. 그때 위원장이 말했다.

"장관한테 질의하시는 것은 좋은데 용어 선정을 배려해주시기 바랍니다. 반말 투는 곤란합니다. 장관, 답변하실 내용 있으면 답변하시죠."

나는 대답했다.

"김 전 대통령께서 남북관계를 사랑하고 중시해서 하신 말씀이라고 생각하며, 나중에 확인하고 난 다음에 말씀드리겠습니다."

이어서 다른 위원들의 질의가 계속되었다. 일부 한나라당 위원들은 계속 나에게 똑같은 질문을 했고, 나는 "언론에 나온 것만 가지고 장관으로서 말씀드리기가 어려우니, 정확한 내용을 알아보고 다시 보고드리겠다"라고 똑같이 대답했다.

외통위에 이어서 예산결산위원회 특별위원회 부별심사가 시작되었다. 그날 밤 늦게까지 계속된 부별심사에서 한나라당 의원들은 계속 김 전 대통령의 발언에 대한 내 의견을 물었다. 나는 "오늘 언론에 보도된 내용들이 사실이 아니기를 바라며, 만일 사실이라면 통일부 장관으로서 유감으로 생각한다"라고 답변했다.

다음 날 언론에 "DJ, 남북관계를 사랑하고 중시해서 하신 말씀" "김하중 통일 애매한 답변"이라는 제목하에 전날 국회에서 있었던 이야기들이 보도됐다. 나는 국회에서의 일을 생각하면서 내가 장관직을 떠날 때가 가까이 오고 있음을 알았다. 북한이 계속 억지를 부리고, 남북관계를 후퇴시키고 있어서 어려운데, 더구나 통일부 장관이 국민의 대의기관인 국회에서 여당 의원들로부터 이런 공격을 받는다면 앞으로 상황이 어떻게 전개될지 자명했다. 그러한 상황에서는 그 자리를 떠나는 것만이 부끄러움을 당하지 않는 길이었다.

경질 통보를 받다

사실 나는 통일부 장관으로 취임한 다음, 기회가 날 때마다 북한과의 대화를 주장하였다. 앞으로 북한에 많은 일이 생길 것이며, 어느 단계에 가면 우리가 대화를 하고 싶어도 하지 못할 때가 올 것이니 그때를 대비하여 북한과 적절한 대화 채널을 반드시 유지해야 한다는 생각에서였다. 그래야 남북관계 상황 관리에도 유리할 뿐 아니라 통일을 준비하는 과정에서도 남북 간의 대화는 최우선이 될 것이기 때문이었다.

그러기 위해서는 우리가 원칙을 견지하면서도 북한에 대하여 좀 더 유연하고 포용적인 대응이 필요했다. 나는 정부의 주요 인사들에게 계속 이 점을 강조하였으나 현실적인 상황은 그렇지 않았다.

나는 모든 것을 내려놓고 최선을 다해 열심히 일했다. 12월 21일부터 24일까지 중국에 가서 국무위원, 외교부장, 공산당 대외연락부장, 안전부장, 인민일보 사장을 비롯한 많은 인사들과 친구들을 만나 한반도와 국제 정세 등에 관해 의견을 교환하고 돌아왔다.

그리고 12월 31일에는 대통령에 대한 2009년도 업무 추진 계획을 보고했다. 통일부 업무 보고는 아무런 문제없이 잘 이루어졌다. 그런데 별안간 일부 언론에서 통일부가 대통령으로부터 질책을 받았다는 전혀 사실이 아닌 보도가 나오기 시작했다. 통일부는 물론이고 청와대 안보 관련 부서에서도 왜 그런 보도가 나오는지를 알지 못했으나 나는 짐작했다. 떠날 때가 다가온 것이었다.

2009년이 되었다. 나는 시무식에서 신년사를 통해 직원들에게 말했다.

"올해 남북관계와 한반도를 둘러싼 대내외 여건은 지난해보다 훨씬 더 어렵고 복잡할 것으로 예상됩니다. 소걸음으로 천 리를 걷는다는 '우보천리(牛步千里)'라는 말이 있듯이, 기축년(己丑年) 한 해 동안 어떠한 어려움이 있더라도 확고한 신념을 가지고 한 걸음 한

걸음 나아가다보면 남북관계에 새로운 희망이 찾아올 것입니다."

이것은 사실 그해에만 해당되는 말이 아니고 앞으로 다가올 남북관계를 염두에 둔 말이었다.

1월 중순 언론에서 경제부처를 중심으로 한 개각설과 함께 통일부 장관 교체 여부가 관심이라는 보도가 나왔다. 나는 내가 포함될 것을 확신했다. 그래서 간부나 직원들에게는 아무 일이 없을 것처럼 지시하고 행동했지만 마음의 준비를 하고 있었다.

1월 19일 아침 청와대의 고위인사가 내게 전화를 해왔다. 경질 통보임을 직감했다. 그 인사는 내게 그동안 수고했다고 하면서 경질을 통보했다. 나는 밝은 목소리로 그에게 잘 알겠으며 그동안 감사했다고 말했다. 그는 내가 경질 통보에도 불구하고 전혀 놀라거나 당황하지 않고 오히려 밝은 목소리로 감사를 표한 데 대해 다소 의아하게 생각했을지도 모른다.

얼마 후 총리가 전화를 하여 나를 위로했다. 나는 총리에게 통일부 장관을 한 것도 감사하고, 이 시점에 떠나게 된 것도 감사하다고 말했다. 그러자 총리가 말했다.

"그 말이 진심이에요?"

"당연히 진심입니다."

"김 장관이 밝은 마음으로 대답을 하니 나도 기분이 좋습니다."

장관 경질에 관한 언론 보도가 난 후 나는 곧바로 간부회의를 소집하여 간부들의 노고를 위로하고 감사를 표했다. 그리고 장관직을 떠나게 됨에 따라 느끼는 편안함과 감사함을 설명하고, 떠나는 날까지 흐트러짐이 없이 열심히 도와달라고 당부했다.

다음 날인 1월 20일 오전에 청와대에서 국무회의가 열렸다. 대통령은 전날 경질이 발표된 경제팀과 내게 노고를 치하했다.

공직을 떠나다

1월 31일과 2월 1일에 걸쳐 중앙공무원교육원에서 대통령과 총리 및 약 90명에 달하는 장차관(급) 인사들이 모인 가운데 '경제위기 극복과 성공적인 국정운영을 위한 워크숍'이 열렸다. 첫날 워크숍이 저녁 늦게 끝나고 대통령과 총리 및 전 참석자들이 함께 식사를 하게 되었다. 식사 중간에 갑자기 사회자가 나에게 앞으로 나와 인사를 하라고 해서 내가 말했다.

"저는 지난 36년 동안 공무원생활을 하면서 항상 명예롭고 깨끗하게 공직을 떠나기를 원했습니다. 제가 원하던 대로 아무런 문제 없이 장관직을 그만두게 되어 정말 감사합니다. 그리고 이 자리에 모든 장차관님들이 계시니 이임 인사를 대신하고 따로 인사드리지 않을 것이니 양해해주시기 바랍니다."

나는 워크숍이 진행되는 동안 친하게 지내는 몇몇 장관들에게 "공직생활을 명예롭게 마감하기 위해서는 떠날 때가 가장 중요하니, 오래 하려고 하지 말고 적절한 시기에 떠나라"라고 조언했다. 왜냐하면 장관을 오래 하다보면 예상치 못한 일로 곤욕을 치르거나 부끄러움을 당하면서 떠날 가능성이 많기 때문이었다.

2월 11일 이임식에 앞서 나는 통일부 출입 기자단과 마지막 오찬을 함께하며 소회를 밝혔다.

"저는 외무공무원으로서 또 통일부 장관으로서 누구보다도 보람 있는 인생을 살았습니다. 특히 이 시대에 가장 가치 있는 국가 문제인 통일 문제를 담당했다는 것을 영광으로 생각하며, 공무원생활을 시작했을 때와 마찬가지로 감사한 마음으로 떠납니다. 저는 그동안 세상에 태어나서 부모님과 선생님, 그리고 상사와 주변 사람들과의 관계 속에서 한 번도 자유를 맛보지 못했던 것 같습니다. 공직에 몸을 담고 있는 동안 항상 초봄에 얼음 위를 걷듯이 조심스러울 수밖에 없었습니다.

특히 제가 통일부 장관으로 있으면서 말을 조심한 것은 혹시라도 내 말이 잘못 전달돼 남북관계에 조금이라도 악영향을 미치느니 차라리 내가 욕을 먹자고 생각했고, 그렇게 해서라도 돌파구를 찾고 싶었기 때문입니다. 그러나 이제는 공직생활을 마치고 자유롭게 여생을 살아갈 수 있다는 생각에 기대감이 큽니다."

그날 오후 나는 통일부 전 직원들이 참석한 이임식에서 말했다.

"사랑하는 직원 여러분, 저는 오늘 통일부 장관직을 떠나게 됩니다. 돌이켜보면, 지난 일 년은 우리 통일부에게 큰 변화의 시기였습니다.(중략) 대한민국이 지향하는 바와 대통령께서 추구하는 남북관계는 상생과 공영의 관계입니다. 이러한 미래지향적이고 긍정적인 대북 정책 방향을 확고히 함으로써 국민들 사이의 갈등이나 정부 내에서의 혼선을 막을 수 있었다고 봅니다. 우리는 또한 남북관계

가 제대로 튼튼하게 진전될 수 있도록 어려움이 있더라도 원칙을 확고하게 견지했습니다.(중략)

저는 30년이 넘는 긴 세월 동안 공무원으로서 일했던 것을 자랑스럽게 생각하며, 제게 그런 영광을 주신 국가와 국민에게 진심으로 감사하고 있습니다. 외교관 시절부터 민족의 통일 문제는 제 공직생활의 소중한 화두였습니다. 2000년 남북정상회담에 참여하면서 한반도 통일을 향한 뜻깊은 한 걸음에 동참할 수 있었으며, 외교안보수석, 주중대사를 하면서 남북관계에 대해 근본적인 전략을 고민했습니다. 이러한 제가 남북관계와 한반도 통일 문제를 책임지는 통일부 장관을 마지막 공직으로 맡게 된 것을 매우 영광스럽고 감사하게 생각합니다.

저는 공직생활 동안 국가와 민족을 위해 성심껏 일하고 마지막에는 명예롭고 깨끗하게 퇴임하고자 하는 바람을 가졌습니다. 항상 마지막 모습을 생각하면서, 스스로를 가다듬으면서 언행을 바르게 하고, 업무에 최선을 다했습니다. 어떤 자리를 탐하여 청탁하지도 않았고 맡겨진 일에 불만을 가져본 일도 없이 오직 공무에 정성을 다했습니다.(중략)

남북통일은 국가의 위상과 민족의 운명을 크게 바꾸는, 우리 역사에 있어서 가장 중요한 대사건이 될 것입니다. 그리고 남북통일은 반드시 이루어질 것이며, 우리의 마음속에 있는 방향으로 될 것입니다. 물론 전인미답(前人未踏)의 그 길이 결코 쉽지는 않습니다. 가다보면 돌부리에 채어 넘어지기도 하고 앞이 막혀 길을 헤맬 수도 있습니다. 그렇다고 결코 가는 길을 멈추거나 되돌아가서는 안 됩니다. 항상 담대한 자세로 다가오는 어려움을 이겨내면 통일의 희망이 어느덧 현실로 다가와 있을 것입니다.

통일은 언제 어떤 모습으로 갑자기 우리 앞에 나타날지 모릅니다. 앞으로 일어날 수 있는 모든 변수와 가능성을 예측하고, 변화의 흐름을 주도할 수 있어야 합니다. 북한을 꿰뚫어 볼 수 있는 안목을 키우고, 국민의 마음을 얻을 수 있는 포용을 넓히고, 국제사회의 지지와 협력을 이끌어낼 수 있는 역량을 키워야 합니다. 통일 미래에 대한 비전과 남북관계 발전 방향에 대한 확고한 의지와 이를 달성하기 위한 우리의 역량이 갖추어졌을 때, 우리는 위대한 한반도의 새로운 역사를 열게 될 것입니다."

이임식을 마치고 통일부 전 직원들의 박수를 받으며, 홍양호 차관, 홍재형 남북회담본부장, 조용남 남북회담본부 상근회담대표, 김중태 기획조정실장, 김천식 정책국장, 김호년 대변인, 황부기 교류협력국장, 천해성 인도협력국장, 고경빈 하나원장, 김영탁 개성공단사업지원단장 등 간부들과 또한 그동안 비서실에서 수고한 임병철 비서관(현재 남북교류협력협의 사무소장)과 권동혁 수행비서(현재 통일부 사무관)와 악수를 나눈 후 통일부를 떠났다.

그날 저녁 나는 하나님께서 그동안 베풀어주신 한없는 은혜와 축복에 눈물로 감사했다. 그리고 남은 생애 동안 오직 하나님을 위해 충성하고 헌신할 것이라고 다짐했다.

은퇴한 후 몇몇 주요 인사들에게 퇴임 인사를 했다. 대부분은 예상치 않았던 내 은퇴 소식에 아쉬움을 표하고 나를 위로했다. 그리고 김대중 전 대통령을 찾아가 인사를 드렸다. 나를 맞은 대통령께서 여러 배석자들이 있는 가운데 말했다.

"김 장관, 잘됐어요. 나는 사실 속으로 걱정을 많이 했어요. 앞으로 남북관계는 더 어려워질 것이고, 김 장관이 계속 그 자리에 있으면 사람들로부터 욕을 먹을 수밖에 없잖아요. 그러면 결국 그동안 쌓아놓은 김 장관의 명예에 상처가 될 것이기에 나는 여러 사람에게 몇 번이나 '김하중 장관이 빨리 그 자리를 떠나야 할 텐데'라고 이야기했어요. 그런데 이번에 장관을 그만두니 아주 다행이에요. 당분간 푹 쉬면서 책도 많이 보고 공부를 하면서 재충전을 하세요."

나는 이 말을 들으면서 김 대통령께서 나를 얼마나 사랑하는지를 깨닫고 깊은 감동을 받았다. 내가 장관을 그만둔 것을 기뻐하고 진심으로 격려해준 사람은 김 대통령 한 분뿐이었다.

AMBASSADOR OF GOD

CHAPTER 05

선교지에서 생긴 일

믿음으로 반응하다
뉴욕까지라도 따라가겠어요
초막절 행사에 초청받다
시간에 상관없이 충분히 하십시오
말씀하신 대로 하겠습니다
기도가 응답되도록 해주셔서 감사합니다
제 남편을 변화시켜주십시오
두 장의 기도문
하와이 코나로 가다
로렌 커닝햄에게 하나님의 마음을 전하다
뜨거운 기도와 성령의 임재
열방대학 강사들에게 특강을 하다
너는 감사히 받을지어다

AMBASSADOR OF GOD

믿음으로 반응하다

2009년 5월 캐나다 큰빛교회에서 퇴임 후 첫 번째 집회를 마치고, 6월 6일 오후 나는 아내와 함께 필라델피아 안디옥교회 집회 참석차 뉴욕에서 기차를 타고 필라델피아 역에 도착했다. 역에는 안디옥교회 조병래 부목사님이 마중을 나와 있었고, 우리는 조 목사님이 운전하는 자동차를 타고 시내로 들어갔다.

도중에 조 목사님이 전화를 받더니 "오늘 담임목사님이 주최하는 저녁 식사에 교회 장로 세 분이 참석할 예정"이라고 말했다. 숙소인 더블트리 호텔에 도착하자 그는 저녁 식사 시간까지 한 시간 정도 여유가 있으니 잠시 쉬다가 50분쯤 후에 로비로 내려와달라고 했다.

방으로 올라가 아내에게 저녁 식사에 참석하는 장로들을 위해 기도해야 할 것 같으니 짐을 풀어달라고 부탁하고, 그 자리에서 양복을 입은 채 무릎을 꿇고 기도를 시작했다. 조 목사님에게 들은 세 분의 장로들을 위해 기도한 후에 휴대용 프린터로 기도문을 인쇄해 가지고 로비로 내려갔다.

우리는 호텔에서 가까운 곳에 위치한 한국식당으로 갔다. 식당에는 호성기 담임목사님 부부와 세 분의 장로들이 기다리고 있었다. 우리는 간단한 인사를 한 다음 자리에 앉았다.

요리가 나오자 호 목사님이 옆에 앉아 있는 장로를 가리키면서 말했다.

"이분이 김장형 장로님이십니다. 김 장로님은 해외선교에 비전을 품고 지금 중국 선교사로 나갈 준비를 하고 계십니다."

소개를 듣고 내가 물었다.

"그런데 장로님, 지금 해외에 선교사로 나가실 수 있습니까?"

"물론이지요. 지금 준비하고 있습니다."

"제 생각에는 나가실 수 없을 것 같은데요."

"무슨 말씀이신지요?"

"제가 조금 전에 조 목사님으로부터 장로님이 오늘 저녁에 참석하신다는 이야기를 듣고 호텔에서 기도를 했는데, 하나님께서 그 계획을 중단하라는 마음을 주십니다. 지금은 그 일을 할 상황이 아니니 당분간은 생각하지 마시지요. 앞으로 장로님에게 많은 일이 생길 겁니다. 그래서 이곳을 떠날 수가 없을 것입니다. 계속 기도하십시오. 그래야 그 일에서 벗어날 수가 있을 겁니다. 기도하시면 하나님께서 인도해주실 것입니다."

김 장로는 다소 당황한 표정이었다.

식사가 계속되면서 나는 다른 두 장로들에 대해서도 하나님께서 주신 마음을 전했다. 그리고 식사를 마치고 세 분의 장로들에게 준비해간 기도문을 주고 집회를 위해 교회로 갔다.

저녁 8시부터 집회가 시작되었다. 나는 원래 한 시간만 간증을 하기로 되어 있었지만, 호 목사님의 강력한 요청으로 두 시간을 한 다음에야 강대상에서 내려올 수 있었다. 집회 내내 교인들이 아멘과 박수로 뜨겁게 반응했고, 집회 후에는 많은 교인들이 내게 찾아와 감사를 표했다.

다음 날인 6월 7일 아침에 나는 다시 안디옥교회로 가서 먼저 미국인 교인들을 위한 영어 예배에서 간증한 다음, 11시부터 두 시간 동안 집회를 했다. 전날 밤보다 훨씬 많은 교인들이 뜨겁게 반응했고, 집회 후에 기도를 부탁했다. 매우 아름답고 성령충만한 집회였다. 모든 것이 호성기 담임목사님을 중심으로 한 사역자들과 교인들의 헌신적인 사역과 기도로 인한 결과였다. 우리 부부는 그날 오후 기차를 타고 뉴욕으로 돌아왔다.

그 후 나는 가끔 필라델피아 안디옥교회를 생각할 때마다 김장형 장로의 선교 사역이 어떻게 되었는지 궁금했다. 그런데 최근에 김 장로가 이메일을 보내왔다.

필라델피아에서 온 편지

2009년 6월 6일 부흥성회 강사로 오신 김하중 장로님으로부터 흰 봉투를 하나 받았습니다. 식사 후 교회로 와서 봉투에 들어 있는 메시지를 받고 조금은 기대감에 설레었습니다. 당시 저는 중국에 대한 소망이 날로 커져, 하나님의 계획 안에 제가 사용되고 있다는 기쁨으로 중국 단기선교에 온 힘을 다하고 있었습니다. 그런데 그 일을 당분간 중단하라는 메시지였고, 피할 길을 주시겠다는 것이었습니다. 그날부터 제 기도가 바뀌었고, 순종의 삶을 배우기를 소원했습니다.

이듬해 3월에 저는 사업을 타의에 의해 정리하게 되었습니다. 그리고 6월에 병원에서 위암 판정을 받았습니다. 그때부터 목사님과 온 성도들의 눈물의 기도가 시작되었고, 일정이 빠르게 진행되어 8월에 수술을 받게 되었습니다. 여러 가지 검사 후 담당의사는 위의 65퍼센트 정도만 절제하면 괜찮다고 했으나, 수술 과정에서 전이가 발견되어 위 전체와 쓸개 그리고 림프선까지 모두 제거했다고 말했습니다.

그때 다시 한 번 장로님의 메시지가 기억났고 눈물로 감사했습니다. 그 메시지가 없었다면 저는 정말 낙심하고 절망했을 것입니다. '주님, 중국 선교를 서원했고 장로로, 평신도 비거주선교사로 충성한 결과가 이것입니까?' 하고 하나님께 반항했을지도 모릅니다. 그러나 수술대 위에서 마취도 하기 전에 깊은 잠에 빠졌고, 수술 후 중환자실에서도 통증이 전혀 없어서 저는 누구나 그런 줄 알 정도로 경과가 매우 좋았습니다.

수술을 통해서 하나님은 제게 마음 문을 연다는 것이 무슨 의미인지 확실히 알게 해주셨습니다.

목사님과 온 성도들의 기도로 회복 중인 저에게 새로운 꿈이 생겨납니다. 보너스로 주어진 삶이 끝날 때까지 주님께 충성하고 순종하리라 결단하면서 '너는 기도하라. 눈물로 기도하라. 그리하면 내가 들을 것이요 너를 인도할 것이라. 내가 너를 사랑하노라'는 하나님의 마음을 알게 해주신 장로님께 다시 한 번 감사드립니다.

하나님은 주도면밀하신 분이다. 하나님은 이미 오래전에 김 장로가 병에 걸릴 것이라는 것을 알고 계셨다. 선교사로 나간 지 얼마 되지 않아 선교지에서 발병하면 불행한 일이 생길 것을 대비해 병이 완쾌될 때까지 나가지 못하도록 막으신 것이다. 그런데 중요한 것은 김 장로의 믿음이었다. 만일 그가 내 권면을 무시하고 선교지로 갔다면 위험한 일을 당했을 터인데, 하나님의 마음을 믿음으로 받고 매일 교회에 나가 눈물로 기도함으로써 위기를 극복할 수 있었던 것이다.

뉴욕까지라도 따라가겠어요

집회가 끝난 다음, 호성기 목사님 부부와 점심을 하고 나서도 뉴욕으로 돌아갈 기차 시간까지 두 시간 정도 여유가 있었다. 교회에서 자동차로 필라델피아 시내를 돌아본 뒤 역으로 가라고 권유하여, 우리 부부는 이준형 부목사님이 운전하는 차를 타고 안내를 맡은 문미경 집사와 함께 교회를 출발했다.

그런데 우리와 동승한 문 집사가 자꾸 차 뒤를 돌아보았다. 내가 이상해서 그에게 왜 그러냐고 물었더니, 필라델피아에 거주하는 한 한국 여성이 무슨 일이 있어도 내게 기도를 받아야 한다면서 자동차를 몰고 따라오고 있다는 것이었다.

"만일 필라델피아에서 장로님께 기도를 받지 못하면 뉴욕까지라도 따라가겠대요."

"대체 저 자매는 어떤 사람입니까?"

문 집사는 그녀가 약 20년 전 미국에 유학 와서 대학을 졸업했고, 미국인과 결혼해서 아들까지 낳았는데 얼마 전 이혼을 한 상태라고 설명했다. 뒤를 돌아보니 그 자매는 한 남자아이와 함께 열심히 따라오고 있었다. 나는 달리는 자동차 안에서 기도했다.

'하나님, 저렇게 간절하게 따라오는데 저 자매를 만나 뭐라고 말해야 하겠습니까?'

하나님께서는 '너는 그를 위로하고 격려해라. 그리고 더는 기다리지 말라고 해라'라는 마음을 주셨다.

우리는 시내 명소를 돌아보고 필라델피아 역으로 갔다. 그리고 역 구내에 있는 커피숍에 자리를 잡았다. 우리 부부와 이 목사님과 문 집사 그리고 우리를 쫓아온 자매와 어린 아들이 앉아 음료수를 마시면서 이야기를 시작했다.

내가 그녀에게 왜 나를 만나려 했는지 물었다. 그 자매는 자신의 사정을 말하고는 내게 물었다.

"장로님, 앞으로 제가 어떻게 해야 할까요?"

나는 조금 전 하나님께서 주신 마음에 따라 대답했다.

"자매님은 더 기다릴 필요가 없습니다. 다 내려놓고 본인이 하고 싶은 대로 열심히 사십시오."

그녀는 "아멘!"으로 답하면서 말했다.

"제가 남편과 이혼한 뒤 많은 사람들에게 앞으로 어떻게 해야 할지 물었습니다. 그런데 사람들마다 의견이 달랐습니다. 그래서 장로님이 오신다는 말을 듣고, 꼭 만나 말씀을 듣고자 예의도 없이 따라온 겁니다."

나는 그녀의 말에 감동을 받았다. 그래서 하나님이 주신 마음대로 그녀와 아들을 위로하고 하나님께서 그들을 크게 축복해주시기를 기도했다.

그리고 그녀에게 말했다.

"걱정하지 마십시오. 하나님께서는 자매님과 아들을 정말 사랑하십니다. 그래서 지켜주시고 크게 축복해주실 겁니다. 앞으로 자매님은 보아스처럼 훌륭한 사람을 만날 것이고 아들은 하나님을 깊이 사랑하는 훌륭한 사람이 될 겁니다. 아무 염려하지 마십시오."

그녀는 눈물을 흘리면서 내게 감사를 표했다. 나도 동석한 이 목사님과 문 집사에게 감사를 표하고 축복기도를 한 후 기차를 타고 뉴욕으로 돌아왔다.

서울에 돌아와서도 나는 그 모자(母子)가 어떻게 지내는지 궁금했다. 그래서 가끔 생각날 때마다 기도했다. 그런데 《하나님의 대사1》이 출간된 후 그 자매가 이메일을 보내왔다.

위로받은 자의 감사 편지

(전략)

저는 크리스천으로서 주님을 사랑하는 사람이었지만 지난 몇 년간 참으로 힘든 시간을 보냈습니다. 그날 아침 교회로 가는 차 안에서 저는 울면서 주님께 간구했습니다.

'주님, 오늘 제게 오직 필요한 것은 당신의 위로입니다. 저는 지금 매우 슬픕니다. 당신께서 저와 제 아들을 사랑하고 잊지 않았다는 것을 알기 원합니다.'

그날 하나님께서는 제가 장로님 내외분의 시내 구경을 따라가게 하셨고, 장로님은 저와 제 아들을 위해 기도해주셨습니다.

지난 일 년 동안 장로님께서 저희에게 주신 위로와 격려를 계속 생각했습니다. 저는 장로님께서 쓰신 《하나님의 대사》를 읽고 주님을 향한 장로님의 순종과 저와 같이 상처받은 자들을 향한 장로님의 사랑에 다시 한 번 깊은 감동을 받았습니다.

장로님께서 뉴욕으로 돌아가신 뒤 저는 장로님과의 만남을 한국에 계신 부모님께 전해드렸습니다. 부모님은 깊은 감동을 받으시고 성경을 더 열심히 읽고 기도도 더 많이 하시기 시작했습니다. 그리고 주님 안에서 저와 제 아이에 대한 희망을 갖기 시작했습니다. 장로님은 그날 한 사람이 아닌 여러 사람을 격려하신 겁니다. 사실 장로님을 만난 후에도 저는 이혼으로 인한 실망감으로 전처럼 기도하기가 힘들었습니다. 그러나 장로님의 책을 읽고 다시 주님께 가까이 가기를 원하고 있습니다. 장로님의 겸손하고 긍휼한 마음에 감사드립니다. 장로님은 정말로 예수 그리스도의 대사이십니다. 주님께 감사드리며 하나님께서 장로님과 장로님 가정을 축복해주시기를 기도합니다.

나는 이 메일을 읽고 깊은 감동을 받았다. 아무것도 모르는 상황에서 그저 주님의 명령에 따라 위로하고 축복한 몇 마디의 말로 그들이 큰 위로를 받고 다시 일어설 수 있었다는 것이 놀랍고 감사할 뿐이다.

그리고 필라델피아를 떠난 뒤에도 성령께서 내게 그들을 기억하게 하시고 때때로 기도하게 하신 이유도 이해하게 되었다. 하나님은 그 자매의 기도를 듣고 계시며 그들을 사랑하시는 것이다.

언제 다시 그들을 만나게 될지 모르지만 성령께서 기억하게 하시고 기도하게 하시는 한 나는 계속 기도할 것이다. 그리고 언젠가 하나님의 축복이 이루어져 그 자매가 보아스처럼 훌륭한 남자를 만나고, 아들도 믿음의 용사로 성장한 모습을 볼 때가 올 것이라 믿는다.

초막절 행사에 초청받다

나는 아내와 함께 2009년 5월 19일부터 27일까지 이스라엘을 여행했다. 우리 일행은 평소 가깝게 지내는 목사, 선교사, 장로, 권사 및 집사 등 20여 명에 달했다. 그리고 현지에서는 예루살렘 북쪽에 있는 '수캇 다비드(Succat David, 다윗의 장막)'의 선교사들이 합류했다.

사실 서울을 떠나기 전에 수캇 다비드의 선교사들이 내게 연락을 하여 "예루살렘에 H라고 하는 미국 목사가 있는데, 영향력이 큰 목사이니 꼭 별도로 만나 인사를 해달라"라는 요청을 했다. 13일 밤에 나는 그를 만나야 할지, 만나야 한다면 무슨 말을 해야 할지 기도하면서 하나님께 여쭈었다. 그때 하나님께서 주신 마음을 영문으로 정리하여 이스라엘로 갔다.

우리 일행은 5월 22일 오전에 1987년에 설립된 '열방을 위한 예루살렘 기도의 집(약칭 동쪽 기도의 집, Jerusalem House of Prayer for All Nations)'을 방문했다. 그리고 그 기도의 집 리더인 H 목사의 설교를 들었다. 우리 선교사들이 이야기한 H 목사는 이스라엘 회복을 위해 사역하는 미국인 목사로서 '동쪽 기도의 집'에서 유대인의 귀환과 이스라엘 회복을 위한 중보기도 운동을 이끌고 있으며 매년 예루살렘에서 개최되는 '열방 컨보케이션 예루살렘(All Nations Convocation Jerusalem, 이하 ANCJ)'도 주최하고 있었다.

또한 그는 1987년 10월 이래 예루살렘을 향한 하나님의 목적을 마음에 품고 감람산 정상에 거주하면서, 예수님의 재림을 기도로 준비하는 선구자 역할을 하고 있는 유명한 목사였다.

설교가 끝나고 그에게 잠시 이야기를 하고 싶다고 요청했더니 좋다고 하면서 내게 자리를 권한 다음, 자신의 의자에 다리를 꼬고 비스듬히 기대앉았다. 나는 내 소개를 마치고 기도문을 건네며 말했다.

"여기 오기 약 열흘 전에 우리 선교사들이 당신을 꼭 만나야 한다고 해서 기도했더니 하나님께서 당신을 만나라고 하셨습니다."

H 목사는 의자에 기대앉은 채로 기도문을 받아서 펼쳐 보더니, 별안간 자세를 고쳐 앉으며 옷매무새를 단정히 하고는 기도문을 몇 번이나 읽고 또 읽었다. 그리고 내게 말했다.

"이 기도문은 사실입니다. 제가 앞으로 어떻게 하면 좋겠습니까?"

"아무래도 잠시 쉬어야 할 것 같습니다."

"얼마나요?"

"최소 2주 내지 한 달 정도는 쉬어야 할 겁니다."

"현재 상황에서 그렇게 쉴 수가 없습니다. 다음 주에도 외국에 집회가 있어 가야 합니다."

"무슨 집회인지는 모르겠지만 그리 중요하지 않다면 취소하는 것이 어떻겠습니까?"

"그렇게 하겠습니다."

나는 H 목사에게 내가 기도할 때 하나님께서 주신 마음을 좀 더 설명했다.

그는 잘 알겠다고 하면서 말했다.

"매년 열방의 대표들이 예루살렘에 모여 이스라엘과 열방을 위해 기도합니다. 유대력으로 1월 1일 격인 '로쉬 하샤나(Rosh Hashanah)'에서 초막절 시즌까지 3주 가까운 일정인데, 매년 200여 나라에서 3천 명 이상이 모여 회개와 용서, 열방의 회복을 위해 기도합니다.

그 기간 중에 열방의 정치와 경제 지도자들이 모여 기도하며 각 나라의 상황을 나누고 중보하며 연합하는 모임이 있는데, 이것을 '예루살렘 정부지도자회의(Jerusalem Government Leaders Summit)'라고 부릅니다. 금년에는 9월 22일부터 25일까지 열리며, 30개국에서 크리스천 고위 정부 지도자들이 참석할 예정입니다. 김 장로께서 그 집회에서 말씀을 전해주시면 참석자들에게 큰 영향을 끼칠 것 같습니다. 다른 나라 대표들의 발언 시간은 한 사람당 평균 1분인데, 장로님에게는 10분의 시간을 드리겠습니다. 꼭 참석해주십시오."

내가 말했다.

"나라의 대표라고 하셨는데, 저는 은퇴했기 때문에 현직이 아닙니다. 그래서 나라를 대표하는 회의에는 참석할 수가 없습니다."

그러자 그가 다시 말했다.

"상관없습니다. 그것은 꼭 현직이라는 의미가 아닙니다. 제가 조직위원장으로서 오랫동안 주관해왔기 때문에 아무 문제가 없으며, 과거에도 그런 경우가 많았습니다. 꼭 참석해주십시오. 제가 장로님과 이야기를 나누면서 하나님께서 주시는 마음이 있는데, 장로님이 이번 회의에 참석하면 30개국 주요 크리스천들과 네트워킹이 되는 겁니다. 그것은 앞으로 장로님의 활동 영역을 한국이 아닌 세계로 확대하는 결과를 가져올 것입니다."

이 말을 하고 H 목사는 잠시 자리를 비웠다 다시 들어왔다. 그 사이에 정식 초청장을 만들어 왔다. 그는 나를 축복하면서 앞으로 지금까지와는 비교할 수 없는 중요한 일을 하며, 이스라엘의 구원을 위해서도 귀하게 쓰임받을 것이라고 기도해주었다.

시간에 상관없이 충분히 하십시오

H 목사의 간곡한 요청으로 나는 9월 19일에 아내와 함께 다시 이스라엘로 갔다. 서울을 떠나기 전에 다시 그를 위해 기도한 후 하나님께서 주시는 마음을 영문으로 번역해서 가지고 떠났다.

9월 22일 저녁에 예루살렘 시내 시온산 호텔에서 2009년도 예루살렘 정부지도자회의를 주최하는 ANCJ 측의 환영 만찬이 개최되었다. 거기에는 호주, 캐나다, 핀란드, 스위스, 탄자니아, 나이지리아, 감비아 등 27개국에서 온 정부 대표들이 참석했다.

나는 조직위원장인 H 목사 부부와 한 테이블에서 식사를 하게 되었다. 그는 지난 5월 말 자신에게 하나님의 메시지를 전해주어 어려움을 극복했다고 하면서 다시 한 번 깊은 감사를 표했다. 그 자리에서 나는 서울을 떠나기 전인 9월 10일에 그를 위해 기도할 때 받은 마음을 적은 기도문을 주었다. 그는 그것을 몇 번이나 읽고 나서 내게 물었다.

"오늘 저녁 주어진 연설 시간이 몇 분이지요?"

"10분입니다."

"그 시간으로 메시지 전달이 충분하시겠어요?"

"좀 어려울 것 같습니다."

"그럼 시간에 상관없이 준비하신 대로 충분히 하십시오."

만찬을 마친 후 우리는 버스를 타고 행사 장소(Ramat Rachel Convention Center)로 이동했다. 그리고 120여 개국에서 온 1000여 명의 대표가 참석한 가운데 저녁 7시 30분부터 행사가 시작되었다(베이징 21세기교회 박태윤 목사님, 서울 그레이스선교교회 황은혜 목사님, 브라질 한인교회 황은철 목사님 등 20여 명의 한국인 목사님과 선교사, 교인들이 참석했다). 찬양과 기도에 이어 "비전과 리더십"에 관한 설교 후에 조직위원장인 H 목사가 나를 소개했다.

"한국에서 온 김하중 장로를 소개하겠습니다. 그는 하나님의 사람으로서 제게도 하나님의 마음을 전해준 사람입니다."

나는 단상에 올라가 25분 정도 영어로 연설을 했다. 주요 내용은 한국의 기독교 현황, 한국과 이스라엘의 관계, 남북통일과 예루살렘의 회복, 기도의 중요성, 혼의 기도와 영의 기도, 주중대사로 활동할 때의 간증, 남북통일에 관한 기도 등에 관한 것이었다. 참석자들은 내가 연설하는 동안 아멘과 박수와 웃음으로 반응했다. 특히 현장에 있던 20여 명의 한국인들도 열렬하게 반응했다. 내 연설이 끝나자 맨 앞에 자리를 잡은 나머지 26개국 대표들에게 각자 1분 정도의 소개 시간이 주어졌다. 얼마 후 모든 행사가 끝났다.

다음 날 정부대표단은 국회의사당을 참관한 다음, 이스라엘 공보장관을 만나고, 오후에는 이스라엘 외무차관이 주최하는 오찬에 참석한 데 이어, 이스라엘과 터키 및 요르단에서 활동하는 외국 목사들의 감동적인 간증을 들었다. 그리고 저녁에는 이스라엘 국가기간산업 장관이 주최하는 만찬에 참석했다.

그런데 대표단이 이동하는 과정에서 다른 나라 대표들이 계속 내게 접근하여 많은 것을 질문했다. 그들은 지난밤 행사장에서 자신들에게는 1분만 주어졌는데, 왜 나에게는 25분이나 주었을까 생각하면서 내가 어떤 사람인지 궁금해하는 것 같았다. 나는 그 연설을 통해 회의에 참석한 리더 중 가장 주목받는 사람이 되었다.

말씀하신 대로 하겠습니다

2009년 9월 말 초막절 행사에 참석하기로 결정하고 예루살렘에 있는 수캇 다비드의 선교사들에게 연락을 했더니 "초막절 행사 기간 중에 예루살렘에 있는 유명한 외국 목사와 유태인 여성 구제사역자를 꼭 만나달라"라고 요청을 했다.

그 외국 목사(가명 R 목사)는 사역에 있어 수캇 다비드와 서로 협력 관계에 있으며, 예루살렘에서 아주 유명하고 영향력 있는 사람으로서 우리 선교사들에게 많은 도움을 주고 있었다. 그를 만나겠다고 연락하자 선교사들이 내게 말했다.

"장로님이 한번 만나셔서 감사를 표해주십시오. 최근 한국의 교회들이 R 목사님을 초청했지만 아무런 반응을 보이지 않으니 꼭 한국에 오도록 말씀해주십시오. 그리고 유태인 구제사역자도 여기에서 아주 유명하고 영향력 있는 사람이니 꼭 좀 만나주십시오."

9월 15일에 이 문제를 가지고 기도했을 때 하나님께서 두 사람에 관한 마음을 주셨다. 나는 그것을 영어로 번역하여 이스라엘로 가지고 갔다.

21일 오후에 나는 아내와 수캇 다비드의 스가랴 선교사, 김안나 선교사와 함께 예루살렘에 있는 시온산 호텔 커피숍으로 가서 R 목사님 부부와 만나 대화를 시작했다. 먼저 내가 간단한 소개를 하고 수캇 다비드를 많이 도와주어 감사하다고 말한 후 그에게 물었다.

"지금 내부 문제 때문에 걱정이 많으시지요?"

순간 R 목사는 약간 의아한 표정을 지으면서 우리 선교사들을 쳐다보았다. 아마 우리 선교사들이 자신의 조직에 관한 말을 듣고 내게 전한 것이라 생각하는 것 같았다. 그래서 내가 말했다.

"지금 드린 말씀은 저 사람들이 알려준 게 아닙니다. 제가 기도하는 중에 하나님께서 주신 마음이었습니다. 하나님께서는 아무 걱정 말라고 하십니다. 그 문제들은 다 해결될 겁니다."

R 목사는 그러냐고 하면서 감사하다고 대답했다. 내가 또 말했다.

"재정 문제에 관해서도 걱정이 많으시더군요."

그는 또 선교사들을 쳐다보았다. 내가 그에게 말했다.

"이 이야기도 우리 선교사들이 알려준 게 아닙니다. 하나님께서 알아서 도울 것이니 기도하며 기다리라고 하십니다."

그는 이번에도 의아한 표정을 지으면서 감사하다고 말했다. 그런 후에 나는 다른 사람들에게 잘 들리지 않도록 그의 옆에 바싹 붙어 작은 소리로 말했다.

"지금 이러이러한 일로 골치가 아프시지요?"

그러자 그는 나를 쳐다보면서 아무 대답도 하지 않았다.

"그 일에 더는 관심을 갖지 마십시오. 그러면 조용해질 겁니다."

나는 그에게 지난 9월 15일 서울에서 기도할 때 준비한 기도문을 주었다. 그는 기도문을 읽으면서 깜짝 놀라는 표정을 지었다. 그러더니 내게 말했다.

"사실 그 일로 인하여 최근 제가 많은 어려움을 겪고 있습니다. 어제저녁에도 제 아내와 이 문제에 어떻게 대처할지에 관해 상의했는데, 이렇게 말씀하시니 놀랍습니다. 말씀하신 대로 하겠습니다."

잠시 후 자리를 비웠던 그의 부인이 돌아왔다. R 목사는 아무 소리도 하지 않고 기도문을 부인에게 주었다. 기도문을 읽던 부인도 놀라는 표정을 지었다. 그리고 내게 깊은 감사를 표했다.

우리는 여러 가지 문제에 관해 대화를 나누었다. 대화를 마칠 즈음 내가 일어서면서 그에게 말했다.

"한국의 몇몇 교회가 목사님을 초청했다고 들었습니다. 내년 초에는 꼭 한국에 와주십시오."

"물론이지요. 내년 초에 한국에 가겠습니다."

약속대로 그는 2010년 두 번이나 한국을 방문했다. 나중에 이스라엘을 오가는 목사님이나 선교사들이 내게 "R 목사님이 한국인 목사님이나 선교사들에게 아주 친절해졌다"라고 말해주었다.

하나님을 위해 일하고 기도하는 자를 하나님은 사랑하신다. 그래서 그가 조금이라도 어려움에 처하게 될 때 미리 하나님의 사람을 통하여 그가 위험에 처하지 않도록 막아주신다. 하나님은 정말 사랑이 많으신 분이다.

나와 함께 R 목사를 만났던 스가랴 선교사가 그때 있었던 일을 이메일로 보내주었다.

스가랴 선교사의 회상
R 목사님은 영이 맑고 순수한 예배자로서 예루살렘에서 히브리어와 여러 민족들의 방언으로 하나님을 예배하며 중보기도의 집을 운영하시는 분입니다. 그리고 해마다 예수님을 그리스도로 믿는 유대인(Messianic Jews)과 팔레스타인 청년들이 함께하는 컨퍼런스를 개최하여 이스라엘 젊은이들을 섬기는 사역을 하고 계십니다. 목사님과 김하중 장로님과의 만남은 예루살렘 힌놈의 골짜기 건너편에 있는 시온산 호텔 커피숍에서 이루어졌습니다. 당시 저는 R 목사님의 기도의 집과 동역 관계에 있었던 수캇 다비드의 스태프로서 두 분을 소개시켜 드리기 위해 동석하게 되었습니다. 이 만남은 이미 김 장로께서 이스라엘에 도착하시기 전에 일정이 잡혀 있었고, R 목사님의 부인과 수캇 다비드의 스태프였던 안나 선교사도 함께했습니다.

간단한 인사와 담화 후에 장로님께서 R 목사님에게 기도의 집의 내부 문제와 재정 문제에 관해 말을 꺼냈습니다. 그랬더니 R 목사님이 우리들을 쳐다보면서 이상하게 생각하는 것 같았습니다. 사실 우리는 기도의 집 내부 문제와 재정에 관해 간접적으로 소문은 듣고 있었지만 정확한 것도 아니었고, 장로님께 말씀드릴 사항도 아니어서 한마디도 하지 않았는데 장로님이 그 문제를 먼저 꺼내시는 것을 보고 매우 놀랐습니다.

그리고 장로님은 아주 조용한 목소리로 다른 문제도 꺼냈습니다. 저는 그 이야기를 듣고 매우 놀랐습니다. 왜냐하면 조직 내부의 민감한 문제여서 외부 인사가 거론하기에는 적절하지 않은 화제였기 때문입니다. 그래서인지 R 목사님도 아무런 반응을 하지 않았습니다. 그때 장로님이 주머니에서 기도문을 꺼내 목사님에게 주었습니다. 기도문을 읽어 내려가던 목사님은 매우 놀라는 표정이었습니다. 그 안에 기도의 집 내부 문제와 재정 문제 등 민감한 문제에 관한 하나님의 마음이 적혀 있었던 것입니다.

그날 저는 두 분의 만남을 지켜보면서 하나님은 자신의 종들에게 친절하고 세밀하게 말씀하시는 분임을 생생하게 목도할 수 있었습니다. 특히 놀라웠던 것은 하나님께서는 R 목사님 부부가 20일 저녁에 그 문제를 갖고 고민하며 대화를 나눌 것을 아시고, 5일 전인 15일에 김 장로님에게 그 사실을 알려주셔서, 만남이 이루어지는 21일 두 사람의 면담을 통하여 필요한 응답을 해주셨다는 점이었습니다.

이스라엘과 열방의 그리스도 안에서의 하나 됨을 위해 섬기는 그의 종들을 안위하시는 하나님의 손길을 보면서 살아 계신 하나님을 더욱 신뢰하며 내 모든 것을 맡겨야겠다는 다짐을 새롭게 하게 되었습니다.

기도가 응답되도록 해주셔서 감사합니다

R 목사님을 만난 뒤 우리 부부와 스가랴 선교사, 김안나 선교사는 예수님을 그리스도로 믿는 유대인으로서 구제사역자인 L 자매를 만나러 갔다. 그 자리에는 수캇 다비드의 헵시바 선교사(여)도 미리 와서 기다리고 있었다. 잠시 후 그 자매가 들어왔다.

자매는 자리에 앉자마자 자신이 어디서 태어났으며, 어떻게 예수를 믿게 되었고, 현재 하는 일에 관한 어려움, 기도제목, 앞으로의 계획 등에 관해 설명했다. 그리고 손님 앞에서 자기 혼자 말을 너무 많이 했다면서 내게도 말을 하라고 권했다.

나는 별다른 말을 하지 않고 지난 9월 15일에 선교사들로부터 자매를 만나달라는 요청을 받고 기도했을 때 하나님께서 주신 마음이라고 하면서 기도문을 주었다. L 자매가 기도문을 읽으면서 별안간 눈물을 흘렸다. 그리고 일어서더니 나를 포옹하고 싶은데 허락하겠느냐고 했다. 내가 아내의 동의를 구한 다음 고개를 끄떡였더니 내 자리로 와서 나를 껴안고 계속 울었다. 그러고는 다시 자기 자리로 돌아가 말했다.

"저는 유태인으로서 예수를 믿을 수 없는 사람입니다. 그런데 어느 날 예수님이 저를 찾아오셨습니다. 저는 정말 어쩔 수 없이 예수를 믿게 되었습니다. 그 후 지금까지 환상을 통하여 수없이 예수님을 만나고 천사를 보았습니다. 어느 때는 천사들의 전쟁도 보았습니다.

얼마 전 환상을 통하여 저기 앉은 헵시바 자매에게 큰일이 생긴 것을 알고는 끊임없이 기도했습니다. 그리고 최근에 그 일이 해결된 것을 알았습니다. 그러나 저는 지금까지 헵시바 자매에게 그 일에 관해 말한 적이 없습니다. 헵시바 자매, 그렇지요?"

동석했던 헵시바 자매가 그렇다고 했다. L 자매가 계속 말했다.

"저는 환상을 보고 꿈도 꾸었지만, 하나님의 말씀을 들은 적이 없습니다. 그래서 최근 들어 계속 하나님께 제게 말씀해달라고 기도했습니다. 그런데 오늘 한국에서 오신 장로님을 통해 제 기도가 응답되었습니다."

그러더니 L 자매가 농담을 했다.

"그런데 장로님은 어떻게 그렇게 빨리 제가 조금 전에 한 이야기를 전부 타자로 치셨습니까?"

L 자매가 앞서 말한 내용들이 비록 간단하기는 했지만 서울에서 가져간 내 기도문에 전부 기록되어 있는 것을 두고 한 말이었다. 내가 말했다.

"제가 호텔을 나올 때, 하나님께서 자매님에게 돈을 갖다 주라고 하셔서 가져왔습니다."

나는 달러가 든 봉투를 L 자매에게 주었다. 그녀가 말했다.

"지금까지 구제사역을 하면서 모르는 사람으로부터는 어떠한 기부금도 받지 않았습니다. 왜냐하면 그가 누구인지 또 어떤 돈인지도 모르고, 어떤 목적으로 주는 돈인지를 모르기 때문입니다. 그래서 제가 잘 아는 사람이나 기도하는 사람들로부터만 받습니다. 그런데 오늘 장로님께서 제게 이미 하나님의 마음을 전해주셨기 때문에 하나님께서 주시는 돈으로 생각하고 받겠습니다. 그리고 저는 하나님께서 이 돈이 필요한 곳을 아시기 때문에 장로님에게 주라고 하신 것으로 생각합니다."

우리들은 여러 가지 이야기를 나눈 후 헤어졌다.

나는 돌아오면서 많은 것을 생각했다. 하나님은 참으로 살아 계시고 생생하게 일하신다. 한 번도 만난 적이 없는 유태인 구제사역자를 위해 기도할 때, 그녀가 나를 만나 무슨 이야기를 할 것이며 무엇을 원하는지를 아셨다.

이스라엘에서 유태인으로서 예수를 전하고 산다는 것이 얼마나 어려운지 우리는 상상하기 어렵다. 하나님께서 그런 상황에 있는 자매를 한국의 한 장로를 통하여 위로하심으로써, 그녀가 더욱 큰 힘을 얻고 담대하게 예수를 위해 살아가도록 하신 것이다.

제 남편을 변화시켜주십시오

내가 주중대사로 있을 때 섬기던 베이징 21세기교회에 서울에서 유명한 강사나 외국인 목사가 와서 집회를 하면, 대부분 박초영 권사(남포교회)라는 분이 강사들과 동행해서 오곤 했다. 재정이 어려운 교회를 대신하여 박 권사가 강사들의 여비를 부담하기도 한다고 들었다. 어떤 분인가 궁금해서 사람들에게 물어보니, 유명 여성 의류 브랜드 회사를 운영하고 있고 거기서 나오는 돈을 하나님의 일을 위해 사용하며, 특히 선교나 구제를 위해서 개인 돈을 아낌없이 써서 선교사들 사이에서는 아주 유명하다고 했다. 더구나 지난 20년 동안 해외선교를 위해 120여 차례나 세계 각국을 여행했다고 했다.

한번은 내가 박 권사에게 왜 중국에 자주 오는지 물었더니, 박 권사는 박태윤 목사님의 형님인 박수진 목사님(현재 한나호에서 사역)을 통해 예수님을 영접했기 때문에 자신을 도와준 분들을 돕는 것이 당연하다고 말했다. 나는 그 말을 듣고 깊은 감동을 받았다.

통일부 장관으로 있던 2008년 가을, 나는 아내와 함께 박 권사를 만날 기회가 있었다. 그때 박 권사가 내게 말했다.

"장로님, 제가 지난 20여 년 동안 하나님을 위해, 선교를 위해 열심히 일했습니다. 그런데 제 남편이 아직도 술과 담배를 하고, 하나님을 깊이 만나지 못하여 너무 답답합니다. 어떤 때는 하나님께서 제 사역을 기뻐하시는지조차 의심이 들 때가 있습니다. 그리고 사람들 보기에도 창피합니다. 장로님, 기도하실 게 많겠지만 제 남편의 변화를 위해서도 기도해주시기 바랍니다."

나는 그날부터 박 권사의 남편 김승욱 집사를 위해 기도하기 시작했다. 그렇게 몇 달이 흘렀다.

2009년 2월 은퇴를 한 후인 4월 어느 날, 아내가 박 권사 부부가 몇 분의 목사님들을 포함해 가까운 교인 20여 명과 이스라엘에 선교여행을 가는데 같이 가자는 연락이 왔다고 했다. 나는 기도하고 아내를 통해 우리도 합류하겠다고 박 권사에게 알렸다.

며칠 후 박 권사로부터 연락이 왔다.

"제가 기도하면서 남편이 이번 이스라엘 여행을 통해 반드시 변화되어야 한다는 느낌을 받았습니다. 그러니까 장로님께서 남편과 저를 위해 긍휼한 마음으로 기도해주시기 바랍니다."

아내로부터 그 말을 듣고 나는 매일 김 집사를 위해 간절히 기도했다. 5월 4일 밤 기도하는 중에 하나님께서 김 집사에 관한 마음을 주셨다. 나는 하나님께서 주신 마음을 가지고 기도를 계속했다. 그런데 기도를 하면 할수록 그 기도문만으로는 김 집사가 완전히 변화되기 어려울 것이라는 생각이 들었다. 그래서 더 간절히 기도했다. 12일 밤에 하나님께서 한 번 더 김 집사에 대한 마음을 주셨다. 나는 두 장의 기도문을 준비하여, 19일 오후에 일행과 함께 이스라엘로 출발했다.

두 장의 기도문

19일 밤에 이스라엘의 수도 텔아비브에 도착한 우리는 바로 예루살렘으로 이동했다. 그리고 20일 아침에 예루살렘을 축복하는 예배를 시작으로, 통곡의 벽과 시온산의 다윗 성터, 다윗의 장막을 참관한 다음 점심을 먹고, 서쪽 기도의 집으로 가서 유명한 키이스(아셀) 인트레이터(Keith Intrater) 목사와 함께 예배를 드렸다. 저녁에는 동예루살렘의 정통 유대인 거주 지역을 다니면서 기도를 했다. 21일에 홀로코스트 박물관을 참관한 다음, '남쪽 기도의 집(수캇 할렐, Succat Hallel)'으로 가서 장시간 기도했다. 나는 바쁜 일정 속에서도 기도문을 가지고 다니면서 김 집사에게 줄 때를 기다렸다.

22일에 아침 예배를 마치고 미국인 목사가 사역하는 동쪽 기도의 집으로 가는 버스 안에서 나는 박 권사에게 5월 4일에 김 집사를 위해서 기도할 때 주신 하나님의 마음을 정리한 기도문을 남편에게 전해주라고 말했다. 이후 나는 김 집사가 내게 어떤 반응을 보일지 궁금했지만, 그는 나와 이야기할 기회가 있었음에도 아무런 반응도 보이지 않았다.

23일 아침 갈릴리로 이동하기 위해 버스에 탑승했다. 올라가보니 아무도 없어 혼자 앉아 있는데 김 집사가 버스에 타더니 내 옆에 와서 앉으며 말했다.

"아내를 통하여 주신 기도문은 잘 받았습니다. 어제 제가 어느 외국인 선교사에게 기도를 받았는데, 그 기도 내용이 장로님이 주신 것과 똑같아 무척 놀랐습니다. 장로님, 감사합니다."

말을 마치고 자리에서 일어서려는 김 집사에게 내가 말했다.

"집사님, 그 기도문이 전부가 아닙니다. 한 장 더 있습니다."

"아니, 또 있습니까?"

나는 다시 5월 12일자 기도문을 꺼내 주었다. 김 집사가 기도문을 다 읽은 것을 보고 내가 말했다.

"집사님, 그 기도문의 내용이 무엇을 뜻하는지 아시지요?"

"압니다."

"제가 더는 말씀드리지 않겠습니다. 이번에는 반드시 변하셔야 합니다. 아시겠지요?"

"알겠습니다."

대화를 마치고 김 집사는 자신의 자리로 돌아갔다.

다음 날 버스를 타는데 김 집사가 다시 내 옆으로 와서 앉았다. 그리고 조용히 내게 말했다.

"장로님, 어제 큰 은혜를 받았습니다. 제가 이 시간 이후로 술과 담배를 끊기로 결심했습니다!"

순간 말할 수 없는 감동이 밀려왔다. 나는 김 집사의 손을 덥석 잡고 말했다.

"집사님, 정말 잘하셨어요. 훌륭하십니다. 감사합니다. 저도 계속 기도하겠습니다."

나는 버스를 타고 가면서 계속 마음으로 하나님께 감사했다.

'하나님, 정말 감사합니다. 제 기도를 들어주셔서 감사합니다. 박초영 권사의 기도를 들어주셔서 감사합니다.'

우리는 갈릴리로 가서 주요 유적지를 돌아본 뒤 요단강에서 침례를 하고 나사렛을 거쳐 다시 예루살렘으로 돌아왔다. 김 집사의 놀라운 변화로 인해 이스라엘 여행은 내내 감사가 넘치는 은혜로운 시간이 되었다. 우리는 5월 27일 이스라엘에서의 모든 일정을 마치고 서울로 돌아왔다.

그 후 나는 매일 그를 위해 기도하면서 때때로 하나님께서 주시는 마음을 적어 주었다. 김 집사는 놀랍게 변화하기 시작했다. 전에는 박 권사의 남편으로서 부인의 믿음과는 다른 행동으로 유명했는데, 점차 놀라운 변화와 믿음의 사람으로서 그 이름이 나기 시작했다. 그리고 그를 통하여 많은 사람들이 변화되기 시작했다.

김 집사를 위해 기도할 때마다 부인과 주변의 수많은 중보기도자들의 눈물의 기도를 들어주신 하나님의 사랑과 은혜를 생각하며 그저 감사할 따름이다. 최근에 장로 장립을 받은 김승욱 장로가 감사의 글과 함께 간증문을 보내왔다.

철없는 안수집사

저는 30년 가까이 교회에 다니고 있습니다. 신통찮은 신앙인이었음에도 불구하고 하나님의 은혜로 안수집사라는 직분도 받았습니다. 본래 신앙과는 거리가 먼 집안이었는데, 아내가 예수를 영접하는 바람에 모든 것이 달라지기 시작했습니다. 아내의 신앙은 급속도로 뜨거워졌고, 저는 억지로 십자가를 진 구레네 시몬처럼 집안의 평안을 위해 할 수 없이 교회에 발을 들여놓게 되었습니다. 아내는 성경공부로, 기도훈련으로, 밤낮을 가리지 않고 신앙의 불을 지펴갔고, 전도와 선교의 중요성을 깨달은 후부터는 목회자들과 선교사들 그리고 힘들고 어려운 이웃들을 열심과 성심을 다해 섬기는 신앙인으로 성장했습니다. 그러나 저는 그런 아내가 몹시 불편했고, 부담스러웠습니다. 일 년에도 몇 차례씩 선교여행으로 가정과 회사를 비우는 것이 못마땅했으며, 그로 인한 나의 불만과 불평은 극도로 치달았습니다.

이런 나를 위해 아내는 방법을 바꿔 함께 선교여행에 적극 참여할 것을 요청해왔습니다. 저도 여행을 좋아하는 편이고, 또 아내와 친해지지 않으면 정말 어려운 시점까지 와 있음을 알았기에 동의했고, 그 첫 번째가 바로 이스라엘 여행이었습니다.

40년 만에 술과 담배를 끊다

예루살렘에 도착한 후 아내를 통하여 김 장로님의 기도문을 받았습니다. 처음 뵙는 장로님이 날 위해 기도했다는 사실만으로도 놀라움이 가시질 않았는데, 하나님이 주신 마음이라고 하니 더욱 떨리는 마음으로 보았습니다.

"네가 아직도 그것을 고치지 않으니, 너는 이제 그 일을 정리할지어다. 그렇지 않으면 네가 나에게 가까이 올 수 없으리라."

저는 약간 당황했고 기대한 것과 내용이 달라 실망스러웠습니다. 그런데 그날 예루살렘에서 활동하는 한 외국 선교사로부터 기도를 받았는데, 놀랍게도 장로님의 기도 내용과 똑같았습니다.

다음 날 아침 나는 버스에서 장로님을 만나, 어제 아내를 통하여 주신 기도문에 대한 감사를 표했습니다. 그런데 장로님은 한 장 더 있다고 하면서 또 기도문을 주었습니다. 나는 기도문을 펴 보았습니다.

"네가 사람들로부터 부끄러움을 당하며, 큰일이 닥칠 것이다. 너는 눈물로 회개하라. 그렇지 않으면 네가 환난에 빠질 것이다. 회개하고 모든 것을 다 정리할지어다."

망치로 머리를 얻어맞은 듯한 느낌과 함께 불쾌한 생각도 들었습니다. 기분이 몹시 나빴지만, 읽을수록 틀린 말이 아님을 깨닫게 되었습니다. 그리고 이번 기회에 하나님께 가까이 다가가지 않으면 안 된다는 마음이 간절해졌습니다.

평소 같으면 졸다가 끝낼 강의들을 열심히 들었습니다. 들으면 들을수록 그동안 엉터리 신앙생활을 해왔다는 사실에 회개가 절로 나왔습니다. "너의 몸이 곧 하나님이 거하시는 성전"이라는 말씀이 가슴에 와 닿으면서 술과 담배와 온갖 더럽고 불순한 생각으로 가득 차 있는 저를 발견하게 되었습니다. 그날 밤이 늦도록 눈물을 흘리며 회개했습니다. 그리고 결단했습니다. 곧 40년 가까이 함께 했던 술 담배를 끊었고, 3년 가까이 금단 현상 없이 잘 지내고 있습니다.

그 후 새벽기도를 시작했고, 기회가 닿는 대로 집회에 참석하여 말씀도 듣고, 성경공부도 했습니다. 장로님의 부인 배영민 권사님이 보내주신 큐티 책을 처음에는 보내준 성의 때문에 읽기 시작했지만, 이제는 어느덧 친한 친구가 되었고, 제 하루를 깨우고 시작하는 알람과 같은 말씀이 되었습니다.

내 삶의 주인공 예수님

아무리 큰 은혜를 받아도 제게 가장 큰 문제는 아내였습니다. '잘해줘야지, 이해해야지' 하면서도 내 눈에 아내는 여전히 씀씀이가 큰 여자로만 보였습니다.

'일방적으로 주고 베푸니 누가 싫어하겠어?'

회사가 어려울 때마다 다 아내 때문이라는 생각이 들었고, 나는 모든 문제의 원인을 아내에게 돌리며 상황을 더욱 꼬이게 만들고 있었습니다. 그러는 중에도 아내와의 선교여행은 지속되었습니다. 선교여행이 즐겁기도 했고 한편으로는 거절하면 하나님께 불순종이 될까 봐 두려운 마음도 있었습니다. 그러면서 한 가지 새로운 사실을 알게 되었습니다. 바로 하나님의 아내에 대한 부르심과 사명이었습니다.

'돈이 있어서 쓰는 것이 아니라, 써야 하기 때문에 쓰는 거구나. 그것이 아내에 대한 하나님의 부르심이구나. 아내를 부르신 것처럼 나도 부르셨는데 그에 합당한 삶을 살지 못했기에 일어나는 어려움이었구나.'

이것을 깨닫자 회개가 내 입에서 절로 나왔습니다.

"오, 주님, 날 용서해주십시오!"

더는 어리석게 살지 않을 것입니다. 제 언어를 바꿀 것이며, 행동을 변화시킬 것입니다. 이제부터 제 모든 이야기의 주인공은 예수님이 되실 것입니다. 부족할 때마다 더욱 기도하고 고난이 닥칠 때마다 더욱 말씀 앞에 머리를 조아릴 것입니다. 미련하여 초점이 하나님으로부터 흐려지고 상황이나 환경 속으로 빠져들지 않도록 더욱 깨어 살아갈 것을 다짐합니다. 주 안에서 날마다 더욱 새로워질 것을 약속합니다. 저는 할 수 없지만 주님은 분명 이루실 것입니다.

주님이 귀히 여기는 아내를 저도 귀히 여기며, 사랑하고 섬기며 살아갈 것을 약속합니다. 아내와 하나가 되어 잘 사는 것이 모든 상황을 풀어가는 열쇠임을 깨닫게 하신 하나님께 정말 감사드립니다.

하와이 코나로 가다

나는 2009년 6월 말 하와이 코나에 있는 열방대학(University of Nations)으로부터 7월 말에 시작되는 한국인 크리스천 부부 세미나에서 특강을 해달라는 요청을 받았다. 국제 예수전도단(YWAM)과 열방대학은 50년 역사를 지닌 국제적, 초교파적 복음주의 선교단체로서 현재 180여 개국 1000여 개 선교 지부에서 2만 명이 넘는 전임 사역자들이 사역하고 있다. 열방대학교는 7개 단과대학으로 이루어져 있고, 100여 개국에 300여 캠퍼스들이 열방을 복음화하고 제자를 삼는 지상명령 성취를 위해 헌신된 사람들을 훈련하는 곳이다.

코나의 열방대학교는 하와이 섬 안에 14만 평의 대지 위에 자리 잡고 있으며, 지난 수십 년 동안 수만 명의 단기 선교사들을 훈련해서 전 세계에 파도처럼 내보낸 진앙지(震央地)와 같은 역할을 해왔다. 그동안 많은 한국인 그리스도인들도 그 파도의 중요한 일부를 이루어왔다.

나는 기도 후 열방대학 측에 가겠다고 통보하고 강의 준비를 시작했다. 7월 24일 오후에 한창 준비를 하고 있는데, 아내가 내 방으로 들어와서 말했다.

"박정희 집사가 당신한테 기도를 받을 수 있는지 묻는데요?"

전라도 광주에 사는 박정희 집사(《하나님의 대사 1,2》 참조)가 서울에 왔다가 집에 온 모양이었다.

"지금은 너무 바빠서 도저히 기도할 상황이 아니니, 박 집사한테 오늘 밤에 기도를 해서 이메일로 보내주겠다고 해요."

잠시 후 아내가 다시 들어와 말했다.

"그러면 박 집사가 당신을 위해 기도해주고 싶대요."

나는 할 수 없이 거실로 나갔다. 인사를 나누고, 박 집사가 기도를 시작했다.

"코나가 식었다. 보혈의 능력이 약해졌고, 열정이 식었다. 덥든지 차든지 해야 하는데 미지근하다. 새로운 부흥과 각성이 필요하다. 네가 가서 새로운 바람을 일으켜라. 그들을 격려하고 축복하라. 그런데 코나에 악한 것이 많구나. 너는 기도하고 들어가 예수님의 이름으로 그들을 결박하라. 십자가의 보혈로 덮어라.

열방대학은 하나님의 용사를 키우는 특별한 곳이다. 악한 것들이 네가 못 가도록 힘을 모으고 있다. 너는 그곳을 평탄하게 하기 위해 간다. 악한 영을 예수의 이름으로 결박시키고 진멸시켜라."

그런데 기도하는 박 집사의 얼굴이 매우 힘들어 보였다. 기도가 끝난 다음 그녀가 말했다.

"장로님, 기도하면서 이렇게 힘든 건 처음이에요. 악한 것들이 기도를 방해하는 것을 보니 이번 코나행이 단순한 여행이 아닌 것 같습니다. 아무래도 큰 영적전쟁을 하실 것 같아요. 기도를 많이 해서 단단히 준비하고 가셔야 할 것 같습니다."

박 집사의 말이 심상치 않게 느껴졌다. 그녀가 돌아간 후 나는 기도 내용을 곰곰이 생각하면서 계속 기도했다.

'박 집사의 말대로 내가 열방대학에 단순히 강의하러 가는 것이 아니다.'

나는 영적전쟁에 대비해 이런 기도문을 만들었다.

하나님 아버지,
제가 7월 30일에 하와이 코나에 갑니다.
이번에 저를 그곳에 보내시는 이유를 잘 알고 있습니다.
지금 그곳에 악한 것들이 많이 있습니다.
그곳에 예수님의 보혈이 필요합니다.
제가 가서 예수님의 이름으로 보혈을 덮겠습니다.
열방대학 구석구석까지 십자가의 보혈을 선포하겠습니다.
성령의 빛으로 악한 것들을 드러내주십시오.
십자가의 보혈로 그곳을 덮어주시고
모든 악한 것들이 떠나가도록 역사해주옵소서.

그들을 진멸시켜주시고 완전히 결박시켜주시옵소서.
그곳을 다시 평탄케 해주옵소서.
성령의 바람이 다시 한 번 열방대학을 뒤덮어
그곳에 다시 성령의 생수가 넘치게 해주시고
더욱더 많은 하나님의 사람들을 키우는 곳으로 써주시옵소서.
아버지, 저와 함께해주시옵소서.
예수님의 이름으로 기도할 때 그들을 물리쳐주시옵소서.
예수님의 이름으로 기도합니다. 아멘.

나는 이 기도문을 가지고 다니며 기회가 있을 때마다 큰 소리로 읽으며 기도했다.

7월 30일 오후에 우리 부부는 박 권사 부부와 그들의 친지인 두 명의 권사와 함께 하와이 코나로 갔다. 현지 시간으로 30일 오전에 코나에 도착하여 열방대학으로 가서 짐을 풀었다.

그리고 한국인 크리스천 부부 세미나 참석자(50여 명)들과 인사를 했다. 세미나 참석자들은 대부분 목사님과 장로 또는 기업인들이었다. 참석자 중에 뜻밖에도 나와 외교부에서 30여 년 동안 근무하며 가장 가깝게 지냈던 동료인 이태식 전 주미대사 부부가 있었다. 또 세미나 참석자는 아니었지만, 나의 외교부 선배이며 온누리교회 장로로서 공직에서 은퇴한 후 열방대학에 선교사로 와서 간사로 활동하고 있는 최대화 전 대사(주EU대사, 주인도대사 등 역임) 내외와도 반갑게 만났다.

로렌 커닝햄에게 하나님의 마음을 전하다

오후에 우리를 안내하는 선교사가 연락을 해왔다. 저녁 6시부터 열방대학 체육관에서 대학의 전 스태프와 학생이 참석하는 기도회가 열리는데 로렌 커닝햄(Loren Cuningham, 국제예수전도단 설립자, 하와이 열방대학 총장)이 나와 함께 기도회 일부를 진행하고 싶다는 것이었다.

내가 선교사에게 말했다.

"그동안 로렌 커닝햄에 관해 많이 들었지만 한 번도 그를 직접 만난 적도 없고, 나는 한국인 부부 세미나 특강을 하러 온 사람인데 어떻게 그와 기도회를 진행하겠습니까?"

얼마 후 선교사가 다시 전화를 했다.

"대사님의 말씀을 로렌 목사님께 전했는데 기도회에 오시면 그 이유를 알게 될 것이라고 하십니다."

사실 나는 7월 초 열방대학에 가기로 결정한 후 로렌 커닝햄을 만날 것을 대비해 그를 위한 기도를 했다. 그때 하나님께서 주시는 마음을 영어로 정리한 기도문을 가지고 있었는데, 혹시나 해서 그것을 가지고 일행과 함께 기도회 장소로 갔다.

6시가 되자 열방대학의 전 리더와 스태프, 40여 개국에서 온 학생 등 500여 명이 참석한 가운데 기도회가 시작되었다. 로렌 커닝햄은 열방대학 리더인 최대화 전 대사, 이태식 전 대사 그리고 나를 불러 단상에 올라오게 했다.

우리들 중 최대화 전 대사가 먼저 앞으로 나갔다. 로렌은 최 대사의 외교관으로서의 오랜 경험과 신앙에 관해 질문했다. 최 대사는 노련한 외교관답게 훌륭하게 답변했다. 나는 선배 외교관의 모습을 보면서 마음이 뿌듯했다.

최 대사가 자리로 돌아간 후 이태식 전 대사가 앞으로 나갔다. 로렌이 한미관계에 관해 질문했고, 이 대사가 한미관계의 중요성과 한국 국민들이 미국에 대해 얼마나 감사하는지를 설명했다. 이 대사의 풍부한 경험과 마음에서 우러나오는 이야기는 참석자들을 감동시켰다.

마지막으로 내 차례가 되었다. 로렌이 말했다.

"지금 여기 있는 사람들에게 기도를 어떻게 해야 하는지, 특히 성령이 인도하시는 기도를 어떻게 하는지 설명해주시겠습니까?"

나는 순간 좀 당황했다.

'열방대학의 전 리더와 스태프와 학생들에게 기도를 어떻게 하는지를 설명하라니, 더구나 로렌 커닝햄 앞에서…'

나는 잠시 주저하다가 할 수 없이 평소에 기도에 대해 가지고 있던 생각과 성령께서 인도하시는 기도에 대해 말했다. 내 말을 다 듣고 나서 로렌이 말했다.

"김 대사께서는 오랫동안 주중대사를 하셨으니 우리들이 중국을 위해 어떻게 기도해야 할지 말씀해주시겠습니까?"

나는 평소에 내가 중국을 위해서 기도해오던 방식과 내용에 대해 이야기를 했다. 그러자 로렌이 또 말했다.

"한국 정부에서 통일부 장관도 지내셨는데, 우리가 북한과 남북

통일을 위해 어떻게 기도해야 할지 말씀해주세요."

이번에도 나는 내가 그동안 남북통일을 위해서 어떻게 기도해왔는지, 또 통일을 위해서 무엇을 기도해야 할지 하나님이 주시는 감동대로 이야기했다. 그 외에도 로렌은 한두 가지 질문을 더 했는데 나는 그에 대한 답과 함께 마지막으로 내가 일생 동안 품었던 중국에 대한 비전과 나를 통해 역사하신 하나님의 살아 계심에 대해 이야기했다. 내가 이야기할 때 참석자들은 "아멘"으로 답했다.

모든 순서가 끝나 단상을 내려오다가 기도문 생각이 났다. 그래서 로렌에게 조용히 다가가 "내가 지난 7월 5일 서울에서 기도할 때 받은 하나님의 마음"이라고 하면서 기도문을 주었다. 그러자 로렌은 그것을 가지고 다시 앞으로 나가 기도문을 펴고 참석자들에게 말했다.

"김 대사님이 서울에서 나를 위해 하나님께 기도하고 난 후 가지고 온 기도문입니다."

그러자 참석자들이 일제히 "와" 하고 함성을 질렀다. 아마 그들은 한국에서 온 전직 대사가 로렌에게 하나님의 마음을 전달하는 것이 다소 신기한 듯했다. 이어서 다른 순서가 진행되었고, 기도회는 밤 9시 30분경에야 끝이 났다. 기도회가 끝나고 일어서는데 로렌이 내게 와서 말했다.

"김 대사님, 주신 기도문을 읽어보았는데, 아무래도 제가 기도를 많이 해야 할 것 같습니다. 저를 위해 계속 기도해주십시오."

나는 그렇게 하겠다고 했다.

며칠 후 로렌이 최대화 전 대사, 이태식 전 대사와 나를 부부 동반으로 초청하여 조찬을 한 후 내게 열방대학과 자기를 위해 기도해 달라고 부탁했다. 나는 그때부터 열방대학과 로렌을 위해 본격적으로 기도하기 시작했다.

  사실 내가 그에게 준 기도문에는 앞으로 열방대학에 닥쳐올 문제에 대한 내용이 있었다. 그래서 나는 한국으로 돌아온 후에도 열방대학을 위해 끊임없이 기도했고, 열방대학에서도 계속 내게 중보기도를 요청해왔다. 그 후 열방대학에 여러 가지 문제들이 닥쳐왔고, 많은 어려움을 겪었다.

  나는 열방대학의 어려움이 거의 해결된 최근까지 그곳을 위한 강력한 중보기도자였다. 하나님은 열방대학의 어려움을 아시고 나를 그곳에 보내 중보기도자로 만드신 것이었다.

뜨거운 기도와 성령의 임재

  나는 다음 날인 7월 31일 아침 8시 15분부터 90분간 부부 세미나 참석자들을 대상으로 특강을 했다. 그런데 세미나 참석자 뒷자리와 2층에 외국인들과 한국 선교사들이 앉아 있었다. 외국인들은 내 다음 강의를 맡은 미국 시애틀의 유명한 사역팀과 열방대학의 일부 리더와 스태프들이었다. 외국인들은 전부 귀에 리시버를 꼽고 영어로 동시통역되는 내 강의를 듣고 있었다. 나는 기도와 하나님의 살아 계심에 대해 잠시 이야기하고 강의를 끝내면서 말했다.

"여러분, 사실 저는 이곳에 강의를 하러 온 것이 아닙니다. 저는 이곳을 보혈의 능력으로 덮으러 왔습니다."

나는 준비해간 기도문을 읽고 강의를 끝냈다. 한국 측 참석자들은 왜 내가 그런 이야기를 하는지 이해가 안 되는 표정을 지었다. 그런데 순간 뒤에 앉아 있던 시애틀 사역팀과 열방대학의 리더들이 자리에서 일어서더니, 손을 높이 들고 계속 "아멘! 아멘!"을 외치는 것이었다. 그걸 보던 한국 측 참석자들이 모두 깜짝 놀랐다. 물론 나도 매우 놀랐다. 강의를 마치고 내가 밖으로 나가려고 하자 김모세 선교사(열방대학 사역)가 내게 말했다.

"장로님, 나가지 마십시오. 다음 강의할 팀이 하나님께서 자신들에게 강의 대신 기도를 하라고 하셔서 그렇게 하겠다고 합니다. 그리고 장로님도 같이 기도하자고 합니다."

곧 강당 안에서는 기도 시간이 준비되었다. 세미나 참석자들은 시애틀 사역팀의 요청에 따라 책상과 걸상을 전부 벽으로 붙이고 카펫이 깔린 마루에 세계지도를 펼쳐놓고 그 위에 둘러섰다. 그리고 기도가 시작되었다. 원래는 그 사역팀이 강의 전부터 모여서 기도한 다음 하나님이 주신 마음을 받아 기도 제목을 정하여 기도를 한다고 했다. 우리는 먼저 모두가 선 채로 계속 통성으로 기도했다. 잠시 후 김 선교사가 말했다.

"이제 남북통일에 관한 기도를 하겠습니다. 장로님부터 시작하시지요."

내가 김 선교사에게 조용히 말했다.

"무슨 말씀이세요? 저는 부부 세미나 강의를 하러 왔기 때문에 기도에 대해서는 아무런 준비를 하지 않았는데 저한테 기도를 시키면 어떡합니까?"

"장로님, 그냥 생각나는 대로 하십시오."

모두들 서서 눈을 감고 내가 기도를 시작하기를 기다리고 있었다. 하는 수 없이 나는 하나님께서 주시는 감동대로 기도하기 시작했다. 내 기도가 끝나고 김 선교사가 함께한 시애틀 사역팀에게 기도하기를 청했다. 그러자 그 팀의 대표가 대답했다.

"우리는 할 기도가 없습니다. 지금 김 장로께서 우리가 할 기도를 전부 다 했습니다."

나는 황당했다.

'내가 자신들의 기도를 전부 하다니 무슨 소리지?'

그러자 김 선교사가 다시 말했다.

"좋습니다. 그러면 이제부터 중국에 관한 기도를 하겠습니다. 자, 김 장로님부터 시작하시지요."

나는 또 당황했지만 할 수 없이 생각나는 대로 기도를 했다. 내 기도 후에 김 선교사가 다시 시애틀 사역팀에게 기도를 하라고 말했다. 그런데 그 팀 대표가 아까와 같은 대답을 하는 게 아닌가! 나는 '이 사람들이 지금 무슨 소리를 하는 거야?' 하고 생각하다가 갑자기 깨달았다.

'시애틀 사역팀이 오래전에 성령님의 인도하심을 받아 준비한 기도 제목들과 그 순간 성령님이 내 마음에 주시는 기도 내용이 놀

랍게도 똑같다는 것은 성령께서 여기 모인 우리에게 그분의 임재를 보여주신 증거다.'

기도가 점점 뜨거워지기 시작했다. 나중에는 옆에 세워져 있던 이스라엘 국기와 6자회담 참가국 국기 그리고 세계 각국의 국기를 들고 뜨겁게 기도했다. 기도는 모두가 선 채로 한 시간 넘게 계속되었다.

> 우리의 씨름은 혈과 육을 상대하는 것이 아니요 통치자들과 권세들과 이 어둠의 세상 주관자들과 하늘에 있는 악의 영들을 상대함이라 엡 6:12

열방대학 간사들에게 특강을 하다

8월 2일 오후에 코나 한인교회에서 집회를 마치고 돌아오는 자동차 안에서 최 대사 부인이 내게 열방대학의 요청이라고 하면서, 매주 화요일 200여 명의 리더와 스태프들이 참석하는 간사모임에서 특강을 해줄 수 있는지 물었다. 나는 기도한 다음 알려주겠다고 하고 숙소에 돌아와 기도했다.

나는 단지 한국인 부부 세미나에 강의하러 왔는데, 세계 많은 나라의 목사, 선교사, 크리스천들을 훈련시키는 열방대학의 리더와 간사들, 더욱이 세계적인 명성을 가진 로렌 커닝햄 앞에서 영어로 강의를 한다는 것이 조금은 부담스러웠다. 그러나 기도하는 순간에 하나님께서 내게 강력한 자신감과 담대함을 허락하셨다. 그래서 최 대사 부인에게 하겠다고 연락했다.

나는 곧바로 강의 준비를 시작했다. 이틀의 시간이 남았지만 아침부터 저녁까지 강의에 참석하고 또 계속 사람들을 만나야 하기 때문에 강의 준비는 부득이 늦은 밤부터 다음 날 새벽 사이에 할 수밖에 없었다. 더구나 강의 대상자가 일반 성도가 아닌 열방대학 간사들이어서 부담이 컸다.

먼저 한국어로 강의 초안을 작성하고 그 주요 내용들을 간단하게 영어로 정리하는 작업이 필요했다. 강의 전날 밤, 영어로 초안을 잡는데 자정이 넘으니 눈이 감겨 도저히 작업을 할 수가 없었다. 그래서 아내에게 '내가 새벽에 일어나 최종 정리를 하겠으니 일단 초안을 정리해달라'고 부탁하고 잠이 들었다.

눈을 떠 보니 아침 6시가 넘었다. 그런데 아내가 여전히 책상 앞에 앉아 계속 작업을 하고 있었다. 내가 깜짝 놀라 물었다.

"아니, 어떻게 된 일이에요?"

"이상하게도 컴퓨터로 정리하는데 자료가 사라지고, 또 정리를 해놓으면 사라져서 할 수 없이 종이에 펜으로 쓰면서 하다보니 밤을 새게 되었어요."

지금까지 한 번도 경험해보지 못한 이상한 현상이었다.

'혹시 악한 것들이 내가 오늘 오후 열방대학 간사들에게 할 강의 내용들이 싫어서 방해하는 것이 아닐까?'

나는 무릎을 꿇고 한참을 기도한 후 아내가 정리해놓은 자료들에 대한 마무리 작업을 했다.

그리고 그날 오후 3시 30분부터 열방대학 체육관에서 로렌 커닝햄을 비롯한 간사 200여 명이 참석한 가운데 "성령을 따라 사는 삶"이라는 제목으로 영어로 강의를 했다. 강의의 주요 내용은 나의 믿음의 뿌리와 회심, 믿음의 성장, 성령의 은사, 혼의 기도가 아닌 영의 기도의 필요성, 성령을 따라 사는 삶과 구체적인 간증, 남북통일과 동북아중심시대의 도래, 이스라엘과 예루살렘 회복을 위한 기도의 필요성 등이었다.

내가 강의하는 40분 동안 참석자들은 아멘과 박수와 웃음으로 뜨겁게 반응했다. 마지막으로 내가 말했다.

"여러분, 코나에 악한 것들이 많이 있습니다. 우리는 이곳에 십자가의 보혈을 뿌려야 합니다. 예수님의 이름으로 그들을 결박하고 진멸해야 합니다. 성령의 생수가 흘러넘치는 선교사와 하나님의 용사들을 배출하는 장소가 되어야 합니다. 이를 위해 여러분의 눈물의 기도가 필요합니다. 저도 한국으로 돌아가면 코나와 열방대학을 위해 계속 기도하겠습니다."

강의를 마치자 로렌을 비롯한 전 리더와 스태프들이 일어서더니 박수를 치기 시작했다. 그리고 모두들 선 상태에서 간사 대표가 앞으로 나와 내게 감사를 표한 다음 기도를 하고 강의가 전부 끝났다. 그러자 로렌이 내게 오더니 손을 붙잡고 몇 번이나 감사하다고 말했다. 또 다른 많은 리더들도 내게 악수를 청하면서 강의가 매우 감동적이었다고 말했다.

옆을 보니 많은 선교사들이 내게 기도를 부탁하기 위해 줄을 서 있었다. 나는 그들과 함께 기도를 했다. 어떤 선교사는 "아멘"을 외치면서 눈물을 흘리기도 했다.

숙소로 돌아와 나는 무릎을 꿇고 하나님께 감사기도를 드렸다. 열방대학에 와서 훈련을 받아본 적도, 로렌 커닝햄을 만나본 적도 없는 내가 세미나에 강의하러 와서 열방대학의 전 리더와 스태프 그리고 학생들이 참석한 기도회에서 로렌과 함께 진행을 하고, 나중에는 그와 전체 간사들을 상대로 강의할 수 있었다는 것과 나의 이야기를 열방대학의 전 리더와 스태프들이 뜨겁게 받아들이는 것을 보면서 하나님의 도우심을 강하게 느꼈기 때문이었다.

너는 감사히 받을지어다

앞에서 이야기한 최대화 전 대사는 내가 외교부에서 근무할 때 존경하는 선배 중의 한 사람이었다. 최 대사는 외교부 직원 중에서 드물게 믿음이 좋은 고위 외교관이었다. 실력도 출중했지만 항상 점잖고 온유하고 겸손한 인품으로 직원들의 신망을 받았다. 외교부에서 은퇴한 후에는 모든 것을 내려놓고 코나에 있는 열방대학에 선교사로 와서 온갖 궂은일을 마다하지 않고 봉사하고 있는 최 대사 내외의 모습은 아름다웠다.

우리가 코나에 도착한 다음 날 저녁 최 대사 내외가 우리 일행과 이태식 전 대사 부부 그리고 열방대학에서 사역하는 한국인 몇 명을 집으로 초청했다. 우리는 여러 가지 이야기를 하면서 즐거운 시간을 가졌다.

만찬이 끝나 집을 나오면서 나는 전날 최 대사를 위해서 기도할 때 하나님께서 주신 마음을 정리한 기도문을 주었다. 그 기도문에는 "이제 너에게 좋은 일이 있을 것이니, 그 일로 인하여 네가 많은 자들로부터 축하를 받을 것이라. 다 내가 너를 사랑하여 허락하는 복이니 감사히 받을지어다"라는 내용이 포함되어 있었다.

'최 대사는 이미 공직에서 은퇴하고 열방대학에 봉사하러 왔는데, 과연 사람들로부터 축하받을 일이 무엇일까?'

나는 궁금했지만 하나님께서 주시는 마음이라 그대로 전달했다.

다음 날 최 대사는 내게 기도문 이야기를 하면서 감사를 표했다. 그런데 부인이 "은퇴를 해서 이곳에 왔는데 축하받을 일이 뭐가 있을까요?"라고 말했다. 나는 부인에게 틀림없이 하나님의 뜻이 있을 것이라고 대답했다.

최 대사는 열방대학의 리더였기 때문에 항상 바빴다. 그래서 우리들이 열방대학에 머무는 동안 항상 부인이 중간에서 연락을 했다. 한번은 최 대사 부인이 열방대학의 리더와 간사 중에 기도를 받고 싶어하는 사람들이 있으니 가능하면 기도해달라고 요청했다.

그래서 최 대사 부인이 요청한 리더와 간사들을 위해 기도한 후 하나님께서 주시는 마음을 전해주었다. 나는 선배이신 최 대사 내외가 우리 일행을 위해 마음과 정성을 다하는 것을 보면서 매우 감동을 받았고 서울로 돌아와서도 매일 열방대학과 최 대사 내외를 위해 기도했다.

그러던 어느 날, 최 대사 부인에게서 메일이 왔다. 최 대사가 열방대학에서 가장 중요한 직책인 운영위원회 회원 중의 한 사람으로 지명을 받았다는 것이었다. 최 대사는 극구 사양했지만, 내가 준 기도문을 기억하며 지명을 수락했다고 했다.

이후 최 대사 부부는 열방대학의 재정적인 어려움을 해결하기 위해 동분서주했다. 최 대사 부인은 내게 열방대학의 상황을 계속 전하면서 중보기도를 부탁하며 외부의 도움을 희망했다. 그러나 나는 하나님께서 "너희들은 힘을 모아 자체적으로 해결하라. 그리하면 돕는 자가 나타날 것이라" 하신 것을 상기하면서 열방대학 멤버들이 합심하여 기도하면 반드시 문제가 해결될 것이라고 조언했다.

최근 들어 열방대학의 재정적인 문제는 해결의 단계로 들어서기 시작했다. 그리고 한 단계 더 도약하기 위한 새로운 전기를 맞이하고 있다. 열방대학에서의 한국인들의 역할이 점점 중요해지고 있으며, 앞으로 더 빠른 속도로 확대되리라 믿는다. 나는 그 과정에서 특히 최대화 대사 내외의 역할이 컸다고 생각한다.

얼마 전 최대화 대사 부인이 메일을 보내왔다.

코나에서 온 편지

코나 캠퍼스는 YWAM 선교단체의 본부로서 세계 각처에 180여 곳의 지부를 갖고 있으며, 우리 부부도 5년째 이곳에서 공동체생활을 하면서 선교 사역에 동참하고 있습니다.

2009년 8월 초 김하중 대사님은 크리스천 부부 세미나에 초청 강사로 와서 강의와 간증, 각종 기도모임을 통하여 캠퍼스의 리더들과 학생들에게 강한 믿음의 도전을 주었습니다.

도착 당일인 목요일 저녁 전체 예배 시간에 로렌 커닝햄은 제 남편인 최대화 대사와 함께, 부부 세미나에 참석 중인 이태식 전 주미대사와 강사로 온 김하중 대사를 연단에 세워 소개하고 신앙인 외교관으로서의 소신과 사명에 대한 대담 시간을 가졌습니다.

우리나라에서 가장 중요한 외교 상대국인 미국과 중국 그리고 EU에서 대사를 역임한 한국 대사들이 은퇴한 지 얼마 되지 않아 코나 열방대학에서 함께 자리하게 되리라고 누가 예상할 수 있었을까요. 특히 세계를 복음화하는 대열에 합세하려고 코나에서 훈련받고 있는 40여 개국의 학생들 앞에선 이 세 사람의 크리스천 대사들이 그들에게 얼마나 큰 격려와 희망을 주었겠습니까! 절묘하신 하나님의 섭리에 감사하는 시간이었습니다.

또한 김하중 대사님은 매주 200여 명이 모이는 화요 간사모임에서 공직생활을 하면서 사람을 두려워하지 않고 하나님만을 전적으로 의지하고 순종한 자신을 하나님께서 어떻게 사용하셨는지를 나누었습니다. 사실 김 대사와 함께 외교부에서 공직생활을 한 우리 부부는 이런 타협치 않는 전적인 순종이 얼마나 어려운지 누구보다 잘 알고 있습니다.

강의 중에 김 대사께서 말했습니다.

"지금 악한 세력들이 이곳을 훼방하여 성령 안에서 하나 됨을 막으려 하고 있습니다. 예수 그리스도의 보혈로 선포하고 악한 것들을 대적하여 영적 훼방을 물리쳐야 합니다. 그리고 입술과 혼의 기도가 아니라 성령의 인도하심에 따른 영의 기도가 이곳에 필요합니다."

이 담대한 메시지는 열방대학의 모든 리더십에게 경고와 강한 도전을 주었습니다.

김 대사께서는 열방대학에 체류하는 동안 몇몇 리더들의 요청을 받고 그들에 대한 기도문을 저를 통하여 전달했는데, 그 기도문을 받아 읽는 사람들의 눈에 이슬이 맺히는 것을 보았습니다. 어떤 리더에게는 교만하지 말라고 지적했는데, 그는 그즈음 사람들과의 관계로 어려움을 겪고 있던 중이어서 바로 자신의 문제점을 수긍하여 관계 회복이 신속히 이루어졌다고 기뻐했습니다.

또 어떤 리더에 대하여는 "네 마음속에 건강에 대한 걱정이 있으나 걱정하지 말라"라고 하여 제가 이유를 물었더니, 자신의 아버지가 30대에 병으로 돌아가셨기 때문에 자신도 단명할지 모른다는 염려가 항상 있었다고 고백했습니다. 어떤 사람에게는 "말을 조심하라"라고 경고했는데 그는 부인이 늘 지적해오던 자신의 가장 큰 약점이라고 고백하기도 했습니다.

지금도 그들은 우리 부부를 만나면 김 대사님이 언제 다시 코나에 오냐고 물어봅니다. 자신들의 속사정을 전혀 알지 못하는 사람을 통하여 하나님께서 그들 개개인의 기도 제목을 다 알고 계시며 구체적으로 응답해주시는 신실하신 분임을 확인하는 사건이었으니 얼마나 기뻤겠습니까.

김 대사께서는 우리 부부에게도 기도문을 주었습니다. 거기에는 "남편에게 좋은 일이 있을 것이고 많은 자들로부터 축하를 받을 것"이라는 내용이 있었습니다. 우리는 그것이 무엇을 의미하는지 궁금했습니다. 그런데 얼마 후 로렌 커닝햄이 남편에게 엘더 리더십(Elder Leadership, 위원회 멤버)을 맡으라고 권유했습니다. 남편은 자신이 열방대학에 온 지 얼마 되지 않았고 자격도 부족함을 알기에 극구 사양하였습니다. 이곳에서는 모든 직분이 본인 의사가 존중되어 결정되는데 그 일에는 로렌이 남편의 거절 의사에도 불구하고 더 기도해보라고 하였습니다.

어느 날 제가 남편을 위하여 기도하는 중에 문득 김 대사가 주신 말씀 중에 "내가 너를 사랑하여 허락하는 복이니 너는 감사히 받을지어다"라는 구절이 떠올랐습니다. 우리의 부족함을 다 아시는 하나님께서 하라는데 무엇이 문제이겠습니까. 그래서 남편도 동의하고 순종했습니다.

열방대학은 지난 몇 년간 재정적 위기로 인해 여러 가지로 어려운 상황이었습니다. 그러한 때에 하나님께서 김 대사를 하나님의 대사로 열방대학에 보내신 것은 우리들에게 경고와 권면과 위로를 하기 위한 것이라 믿습니다.

당시 김 대사께서 우리에게 "지금 위기에 있는 재정 문제는 하나님께서 하나님의 때에 다 해결해주실 것이며 외부에서가 아니라 내부에서 해결될 것"이라는 하나님의 마음도 전했습니다.

그때 상황으로는 믿기 어려운 말씀이었는데 정말로 얼마 전부터 내부에서 문제가 해결되기 시작했고, 점점 더 늘어나는 학생들로 인해 턱없이 부족했던 시설 증축 문제까지도 해결되었습니다. 이런 일들이 짧은 시간에 한꺼번에 일어나는 것을 보며 우리는 하나님의 때에 그분이 일을 행하셨음을 더 분명히 알게 되었습니다.

우리 부부는 로렌 커닝햄의 견고하고 담대한 싸움의 결과와 김하중 대사의 전적으로 하나님만을 신뢰하는 믿음의 삶의 열매들을 보면서 요한복음 2장을 통해 깨닫게 해주신 말씀을 다시 묵상합니다.

가나 혼인 잔치에서 포도주가 모자란 것을 본 예수의 어머니가 예수에게 말하였을 때 "내 때가 아직 이르지 아니하였나이다"라고 말씀하셨습니다. 그럼에도 불구하고 마리아가 하인들에게 시키는 대로 하라고 했더니 곧 예수께서 물을 포도주로 변하게 하셨습니다. 저는 늘 의아했습니다.

'아직 때가 이르지 않았다 하시고는 왜 곧 응답해주셨을까?' 성령께서 이에 대하여 하나님의 때는 우리가 생각하는 이 세상의 시간과 공간 개념이 아니라는 것을 깨닫게 해주셨습니다. 마리아의 굴하지 않는 믿음이 때를 이르게 한 것임을 알았습니다. 우리의 믿음이 하나님께서 원하시는 수준에 닿을 그때, 하나님의 때가 온다는 것입니다. 그래서 하나님의 때는 우리의 믿음에 따라 당겨질 수도 더뎌질 수도 있다는 것을 알게 해주셨습니다.

AMBASSADOR OF GOD

CHAPTER 06

기도로 만난
사람들

흔들리는 집안을 세우시는 하나님
사랑하는 종을 살리시는 하나님
집회 일정은 바꿀 수 없습니다
하나님의 대사를 보내주십시오
새로운 중보기도팀

흔들리는 집안을 세우시는 하나님

2009년 7월 30일에 우리 부부와 박 권사 일행(4명)이 열방대학에 도착하니 박 권사와 수십 년간 선후배로 지내는 김경옥 집사라는 사람이 미리 와 있었다. 나는 김 집사가 어떤 사람인지, 무엇 때문에 열방대학에 왔는지 몰랐지만, 박 권사의 요청도 있고 해서 그녀를 위해 기도했다. 그리고 하나님께서 주시는 마음을 전해주려 했지만, 아무리 기도를 해도 하나님의 뜻을 알 수가 없었다.

8월 2일에 나는 코나 한인교회에 가서 간증을 하면서 '사랑'을 강조했다. 예배가 끝난 다음 우리 일행과 점심 식사를 하고 열방대학으로 돌아왔다. 다른 사람들은 산보 겸 시내 구경을 하겠다고 학교 밖으로 나가고, 나 혼자 숙소로 돌아왔다. 방으로 들어오자마자 기도해야겠다는 마음이 들어 바로 무릎을 꿇고 기도를 시작했다. 그러자 하나님께서 김 집사에 대한 마음을 주셨다.

얼마 후 시내 구경을 나갔던 일행이 돌아왔을 때 나는 김 집사를 위한 기도문을 주머니에 넣고 아내와 함께 그들의 방으로 갔다.

박 권사가 김 집사에게 물었다.

"장로님이 너한테 기도문을 주셨니?"

"아니, 나한테는 기도문을 주기 싫으신가 봐."

그때 내가 "아! 기도문, 여기 있습니다" 하고 김 집사에게 주었다. 그녀가 기도문을 보더니 별안간 눈물을 흘리면서 말했다.

"그래 맞아, 내가 나빴어. 내가 정말 나쁜 여자야."

우리는 영문도 모르고 쳐다만 보고 있었다. 김 집사는 우리에게 기도문을 읽어주었다.

아버지, 제가 잘못했습니다. 저를 용서해주십시오.

지금 네 마음에 후회가 많도다.
네가 나를 믿는다고 하면서도
그동안 마음이 너무 강퍅했나니,
네가 그것을 생각하면 부끄럽도다.
그러나 그렇게 생각하지 말라.
네가 그동안 얼마나 나를 사랑하고,
그리워했는지 내가 잘 알고 있노라.
너는 다 내려놓을지어다.

지금까지 네게 가졌던 의심들을 다 걷어낼지어다.

온전히 나를 믿고 강력히 선포할지어다.

그리하면 네게 큰 축복이 임할 것이라.

또 네가 남편에 대하여 섭섭한 마음이 많으나,

그 또한 네게 불만이 많나니

너는 그를 깊이 사랑할지어다.

그리하면 그가 눈물로 네게 감사할 것이라.

그리해야 네 집안이 바로 설 것이요,

네 자녀들이 바로 설 것이라.

너는 회개하라.

네가 갖고 있었던 마음의 강퍅함을 회개하라.

그리하면 놀라운 축복이 임할 것이라.

김 집사는 기도문을 읽으면서 계속 울었다. 그러고는 자신의 이야기를 했다. 사실은 남편과의 관계가 어렵고 힘들어서 이혼할 결심을 굳혔는데, 선배인 박 권사가 마지막으로 열방대학 부부 특강에 참석해보라고 권유하여 며칠 전에 혼자 먼저 왔다는 것이었다. 다들 부부가 같이 강의를 듣고, 커플별로 진행되는 수업에 참여하며 '내가 이곳에 무엇하러 왔나' 싶어 서울에 돌아가면 이혼할 생각으로만 가득 차 있었다고 한다.

그런데 기도문을 받기 전, 한인교회에서 내 간증을 들으면서 그동안 모든 문제의 원인이 남편에게 있고 자신은 피해자라고 생각했는데 처음으로 남편이 아니라 자신이 더 나쁘다는 걸 알게 되었다고 했다. 그렇게 회개하고 마음이 가난해져서 숙소로 돌아왔는데, 나에게 기도문을 받았다는 것이다. 그러면서 자신이 얼마나 나쁜 여자인지, 그동안 남편에게 얼마나 잘못했는지를 솔직히 말하며 그때까지의 모든 행동을 진심으로 회개하며, 돌아가면 남편의 모든 것을 용서하고, 관계를 회복하여 다시 집안을 일으키겠다고 말했다. 그 말을 듣고 우리 모두가 깊은 감동을 받았다. 특히 김 집사의 사정을 잘 아는 박 권사가 눈물을 글썽이며 말했다.

"제가 그동안 선배로서 김 집사를 달래고 설득했지만 마음을 바꾸지 못했는데, 장로님께서 김 집사를 향한 하나님의 마음을 전해 주셔서 변화된 것을 보니 정말 감사합니다."

그날 저녁 김 집사가 코나 시내로 나가 저녁을 먹자고 했다. 식사를 하면서도 그녀는 계속 울면서 회개했다. 그리고 서울에 돌아가면 남편과 잘살겠노라고 우리에게 약속했다. 다음 날 시애틀 사역팀이 김 집사에게 이런 기도를 해주었다고 한다.

"지금 기도하는 중에 하나님께서 이런 모습을 보여주십니다. 정원에서 집사님이 남편과 함께 바비큐 파티를 열어 많은 선교사들을 접대하는 모습입니다. 집사님은 앞으로 남편과 함께 선교사들을 돕는 역할을 하실 겁니다."

김 집사는 그 이야기를 하면서 또 울었다. 자신이 그토록 남편과 선교사들을 돕는 일을 하고 싶었는데, 기도를 통해 미래를 향한 소망을 갖게 되었기 때문이다.

기적의 통로

동역자인 박 권사로부터 많은 이야기를 들었던 김하중 장로님을 만나게 되면 힘들게만 느껴졌던 내 삶이 변화될 수 있지 않을까 하는 기대를 갖고 코나에 갔습니다. 주님은 그런 저의 마음을 아셨나 봅니다. 장로님을 뵙는 순간 제 기대가 헛되지 않았음을 알았습니다. 며칠간 장로님의 간증과 강의를 들으며 항상 주님과 대화하면서 사시는 그 분의 모습과 표정에서 나타나는 주님의 성품을 보자 강퍅했던 제 마음이 흔들렸습니다.

그리고 마침내 기도문을 받았을 때, 저는 주님께서 남편의 문제를 보시지 않고, 제가 변화되기를 바라신다는 것을 알았습니다.

'아! 주님은 오직 나의 변화만을 원하시는구나. 미운 남편을 보지 않고, 남편을 미워하는 내 모습을 보고 계시는구나!'

12년 동안 혈루병에 걸린 여인보다 더한 병에 걸린 자가 저임을 깨달았습니다. 진실하지 못했던 믿음이 남편을 구원하지 못했고, 사랑으로 용서하기보다 모든 문제의 책임을 그에게만 돌린 부끄러운 제 모습을 보게 하셨습니다. 주님은 남편에게 했던 제 모든 행동과 말에 대해 깨닫게 하시고 온전히 회개하게 하셨습니다. 그리고 제가 변하니 남편도 변했습니다. 얼마나 감사한지요.

그러던 어느 날 친한 언니 부부와 만난 자리에서 장로님에 관한 이야기가 나왔습니다. 그 자리에서 저는 장로님과의 만남이 얼마나 귀한 것이었는지 또 한번 깨닫게 되었지요. 그 언니는 수술 전 장로님으로부터 기도를 받고 편안한 마음으로 수술에 임했으며,

병이 나을 것 같다는 확신을 갖게 되었다고 했습니다. 하나님께서는 이런 만남과 간증을 통해서 힘든 과정 속에서도 제게 한 단계씩 변화될 수 있는 힘을 주셨습니다.

지금도 제 상황이 완전히 변한 것은 아닙니다. 그렇지만 장로님의 기도로 저는 주님께서 함께하신다는 확신을 갖게 되었습니다. 항상 주님과 대화하시는 장로님의 모습이 제 삶의 본이 되었으며, 장로님의 간증이 흔들리는 저를 붙들어주었고 분별력을 갖게 했습니다. 한 사람과의 만남이 저에게는 기적의 통로였습니다. 영원히 제 마음에 살아 계신 주님께 감사합니다.

하나님은 정말 사랑의 하나님이시다. 김경옥 집사와 그 가정을 사랑하셔서 김 집사를 열방대학으로 보내어 부부 세미나에 참석하게 하시고 또 한인교회에서 사랑을 강조하는 나의 간증을 듣도록 하여 회개하게 하셨다. 그리고 나를 통해 그녀를 향한 하나님의 사랑을 전하게 하셔서 그녀의 마음을 감동시켜 한순간에 모든 것을 바꿔버리신 것이다. 만일 김 집사의 마음에 회개가 일어나기 전에 내가 회개하라는 기도문을 주었다면 오히려 그녀의 마음이 더 강팍해졌을지도 모른다.

그러나 하나님은 정확하게 교회에서 돌아오자마자 내게 상황에 맞는 마음을 주셨고, 회개의 마음을 갖고 돌아온 김 집사가 기도문을 보는 순간에 마음이 변화되게 하셨다. 하나님의 이 신묘막측한 방법을 어떻게 표현할 수 있을까! 결국 이 과정을 통하여 김 집사는 하나님의 살아 계심을 생생하게 경험한 것이다. 최근 나는 간증집회에서 김 집사 부부를 만났다. 남편이 교회의 기둥 노릇을 한다며 기뻐하는 그녀의 얼굴이 밝고 평안해 보였다.

사랑하는 종을 살리시는 하나님

2009년 12월 중순, 분당에 있는 예수세계교회에 갔다. 그때 한 목사님이 나에게 오더니 물었다.

"저는 아주 조그만 교회의 목사입니다. 장로님께서는 저희같이 작은 교회에도 오실 수 있으신가요?"

"저는 교회의 크기를 보고 가는 것이 아니라, 기도하고 하나님께서 가라고 하시면 갑니다."

그리고 며칠이 지났다. 그 목사님이 메일을 보내왔다. 그는 분당 금곡동에 있는 온새미교회를 담임하고 있는 박희재 목사인데, 나를 초청하여 간증을 듣고 싶다고 했다. 나는 그 메일을 가지고 기도했다. 그리고 기도 중에 하나님께서 가라는 마음을 주셔서 책의 집필이 끝나는 2010년 1월 중순 이후에 가겠다고 메일을 보냈다.

새해가 되어 그 교회에 가기로 약속한 1월 17일의 며칠 전인 13일 밤 나는 박 목사님을 위해 기도했다. 그런데 기도 중에 하나님께서 이런 마음을 주셨다.

'지금 네 몸 속에 병이 있나니, 너는 건강을 조심할지어다. 그리하면 네가 나를 위하여 많은 일을 할 수 있을 것이라.'

1월 17일 오후에 나는 하나님께서 주신 마음을 적은 기도문을 가지고 아내와 함께 온새미교회로 갔다. 교회는 금곡동 아파트 단지 내 상가 건물 지하에 있었다. 우리는 먼저 상가 건물에 있는 목사님 댁에서 저녁 식사를 했다. 식사를 하며 목사님은 미안한 표정으로 말했다.

"장로님, 이 단지 내 아파트 주민들은 전부 기초수급대상자들이고 교인도 얼마 되지 않습니다. 그래도 오늘 장로님이 오시기 때문에 아파트 내 어른 몇 분과 젊은 사람들을 오라고 해서 어느 정도는 모일 것입니다."

나는 박 목사의 설명을 들으면서 마음속으로 작은 교회에 보내주신 하나님께 감사를 드렸다. 내가 식사를 하면서 물었다.

"목사님, 건강하시지요? 어디 아픈 데는 없으신가요?"

"네, 제가 젊어서 아직까지 아픈 데는 없습니다."

"그러면 건강검진은 해보셨습니까?"

"한 번도 해본 적이 없습니다."

"그래도 한번은 해보셔야지요."

식사를 마칠 때쯤 나는 기도문을 꺼내어 읽은 뒤 목사님에게 주었다. 그랬더니 사모가 그동안 사역에 쫓기다보니 검진을 못했는데 아무래도 한번 받아보아야겠다고 말했다. 그리고 우리는 지하에 있는 교회로 내려갔다. 비록 교인 수는 많지 않았지만 집회는 뜨겁고 성령충만했다.

집회가 끝난 뒤 목사님 부부와 교인들에게 인사를 하고 돌아왔다. 우리 부부는 돌아오는 자동차 안에서 이런 기회를 주신 하나님께 다시 한 번 감사를 드렸다. 그리고 한참 후에 박 목사님이 이메일을 보내왔다.

하나님의 특별집회

우리 교회는 분당에 있는 작은 교회입니다. 분당에서도 아주 열악한 곳에 있습니다. 처음 김하중 장로님께 집회를 요청할 때 '과연 이런 작은 교회에도 와주실까?' 하고 걱정이 되었습니다. 그러나 장로님은 교회가 크고 작은 것이 문제가 아니라 하나님이 가라고 하는 교회에 간다면서 메일을 먼저 보내라고 하셨습니다.

얼마 후 뜻밖에 장로님이 교회에 오시겠다는 답변을 해왔고, 정말 기쁘고 반가웠습니다. 어떻게 집회를 준비할 것인지 고민하면서 교회 전체가 중보기도를 하였습니다. 집회 당일 저녁 식사를 하는데 장로님이 제게 건강검진을 받아보았느냐고 물었습니다. 제가 받아본 적이 없다고 했더니 장로님께서 저를 위해 기도하며 받은 하나님의 마음이 적힌 종이를 꺼내 읽은 후 제게 주었습니다.

내용은 앞으로 교회의 나아갈 바에 대한 것과 뜻밖에 제 몸에 병이 있다는 것이었습니다. 순간 매우 놀라고 당황스러웠습니다. 지금까지 오로지 목회에만 전력하느라 건강검진 한번 제대로 받아볼 생각조차 못했던 지난 삶을 돌아보면서 한편으로 씁쓸한 마음이 들었습니다. 장로님은 꼭 한번 검진을 받아볼 것을 권유하였습니다.

집회는 아주 은혜롭게 마쳤습니다. 그 후 아내와 저는 기도할 수밖에 없었습니다. 건강검진을 해야 하는데 어려운 교회 형편에 당장 그럴 만한 목돈을 선뜻 마련하기가 쉽지 않았습니다. 아내는 이를 두고 날마다 눈물을 뿌리면서 기도하였습니다. 그러다 교인 중 한 권사님이 검진비를 내주셔서 검진을 하게 되었습니다. 검진 결과 대장에 암으로 발전될 수 있는 선종이 있다고 밝혀졌습니다. 그래서 곧 용종을 제거했습니다.

만약 장로님을 통해 하나님의 뜻을 전해 받지 못했다면 제 형편으로는 절대 건강검진을 받을 생각도 하지 못했을 것입니다. 이번 집회는 저를 위한 하나님의 특별집회였습니다. 하나님께서 얼마나 저를 사랑하시는지 장로님을 통해 다시 한 번 알게 되었습니다.

또한 교회가 하나님의 역사하심을 목도하고 피부로 느끼게 되었습니다. 성도들은 한마음이 되었고, 교회는 어려운 여건 가운데서도 날로 부흥 성장하고 있습니다. 하나님은 부족함 많은 저와 여전히 함께하시고, 앞으로 많은 일들을 저를 통해 이루시기를 계획하셨음을 알고 뜨거운 감사가 몰려왔습니다. 장로님께 감사드리고 모든 영광을 주님께 돌립니다.

나는 메일을 읽으면서 하나님의 은혜에 감사했다. 하나님은 박목사님을 사랑하셨다. 그래서 나를 그곳에 보내셔서 메시지를 전달하게 하시고 목사님의 병을 고쳐주신 것이다. 그리고 교인도 얼마 되지 않고 그들 또한 대부분 힘들고 어려운 사람들이었지만, 하나님이 그들을 사랑하신다는 것을 보여주고 싶었던 것이다. 나는 그 후 생각날 때마다 온새미교회의 부흥과 박희재 목사님을 위해 기도하고 있다.

집회 일정은 바꿀 수 없습니다

내가 통일부 장관으로 있던 2008년 여름 목동에 있는 지구촌교회 조봉희 목사님이 특강을 요청한 적이 있다. 당시는 현직 장관으로서 교회에 가서 특강을 하기가 불편하여 정중하게 거절했다. 그랬더니 2010년 1월 말 책이 출간된 이후 조 목사님이 다시 초청을 해왔다. 기도를 하고 가겠다고 한 며칠 후 조 목사님이 집회 날짜로 2월 19일과 26일 그리고 3월 3일과 14일, 4개를 주면서 기도해보고 가장 편리한 날짜를 알려달라고 했다. 나는 다시 기도한 후 2월 26일에 가겠다고 했다.

그런데 얼마 후 청와대로부터 바로 그날 저녁 정부 출범 2주년을 기념하여 대통령이 만찬을 주최하는데, 전·현직 장차관들이 초청 대상이니 나도 참석하라는 연락이 왔다. 그래서 청와대 만찬 참석 여부를 정하기 위해 기도하는데 이런 생각이 들었다.

'만약 내가 청와대 만찬에 꼭 참석해야만 했다면 집회 일자에 관하여 기도했을 때 하나님께서 2월 26일이 아니라 다른 날 가라는 마음을 주시지 않았을까? 그런데 하필 그날에 마음을 주신 것은 다른

일정이 생기더라도 꼭 집회를 하라는 것이 아닐까?'

거기다 교회에서 이미 교인들에게 광고를 했기 때문에 연기하기도 어려운 상황이었다. 그래서 나는 청와대 측에 그날 교회 집회 선약이 있어 만찬에 참석할 수 없다고 통보했다.

2월 26일 오후에 나는 아내와 함께 목동 지구촌교회로 갔다. 먼저 조봉희 목사님을 비롯한 교회 장로들과 환담을 한 뒤, 함께 저녁 식사를 했다. 한참 식사를 하는데 한 장로가 들어와 말했다.

"지금 청와대에서는 대통령이 주최하는 정부 출범 2주년 기념 만찬이 진행 중입니다. 그 만찬에는 전·현직 장차관들이 참석해 있습니다. 제가 오늘 청와대 근무를 마치고 나오다가 혹시 만찬이 일찍 끝나면 장로님을 모시고 오려고 만찬장에 갔는데, 장로님은 오늘 만찬에 안 오셨다고 했습니다. 그래서 제가 놀라서 온 겁니다."

그 장로는 청와대 비서실에서 근무하는 분이었다. 조 목사님이 놀라서 물었다.

"아니, 장로님, 오늘 왜 대통령이 주최하는 만찬에 가시지 않았습니까?"

그래서 내가 말했다.

"목사님께서 4개의 집회 일자를 주셔서 제가 기도했더니 성령께서 2월 26일에 가라는 마음을 주셨습니다. 이는 나중에 다른 일정이 생기더라도 오늘 꼭 지구촌교회에서 집회를 하라는 말씀으로 해석할 수밖에 없었습니다. 그래서 대통령께서 주최하는 만찬이라고 해도 저는 하나님께 순종하는 마음으로 못 간다고 통보하고 이곳에 온 겁니다."

조 목사님과 장로들은 깊은 감동을 받은 것 같았다. 그러나 기도하며 모든 것을 하나님의 뜻에 따라 순종하고 움직여왔던 나의 일상에 비추어볼 때 이것은 너무나 당연한 일이었다.

저녁 식사 후 우리 부부는 목사님 부부와 함께 담임목사님 방으로 가서 잠시 이야기를 나누었다. 그리고 내가 준비해간 기도문을 읽은 조 목사님 부부는 기도문 내용이 너무 정확하며 자신들의 생각과 고민이 전부 담겨져 있어 놀랍다고 말했다. 잠시 후 다 함께 본당으로 갔고, 찬양과 기도가 끝나고 조 목사님이 나를 소개하셨다.

"오늘 청와대에서 대통령이 주최하고 전·현직 장차관들이 참석하는 정부 출범 2주년 기념 만찬이 있는데도 불구하고 김하중 장로님께서 가지 않으시고 우리 교회에 와주셔서 정말 감사합니다."

이 말을 들은 교인들은 '아멘' 하고 큰 소리로 화답했다. 그러더니 조 목사님이 조금 전 내가 드린 기도문을 꺼내 그대로 읽는 것이었다. 교인들이 기도문을 들으면서 또 큰 소리로 '아멘' 하고 답했다.

그날 나는 로마서 12장 2절과 3절 말씀을 가지고 '믿음의 분량과 승리하는 삶'이라는 간증을 했다. 집회는 밤 10시 반이 되어서 끝났다. 나는 조 목사님과 장로들과 함께 다시 방으로 가서 다과를 들면서 환담을 했다. 장로들이 "아까 목사님이 읽으신 기도문 내용은 우리만 아는 사항인데 장로님께서 기도를 통하여 그것을 아셨다니 정말 놀랍다"라고 하면서 깊은 감동을 표현했다.

밤 11시가 넘어 집에 가려고 교회 현관으로 나가는데 그 교회 교인인 이만의 환경부 장관이 로비에서 기다리고 있었다. 이 장관은 내가 그날 자기 교회 집회에 온다고 해서 기대했는데 청와대 만찬이 생기는 바람에 만찬에 참석했다가 내 얼굴이라도 보려고 막 돌아오는 참이라고 했다. 그러면서 이 장관은 외국에 나가 있는 장관과 나를 뺀 60명 정도의 장차관들이 만찬에 참석했다고 알려줬다.

목동 지구촌교회는 조 목사님과 장로님들을 비롯한 교인들의 사랑과 기도가 쌓인 아름다운 교회였다. 나는 교회에 다녀온 이후 매일 교회의 부흥과 목사님의 사역을 위하여 기도하고 있다.

얼마 전 조 목사님은 내가 새 책을 준비한다는 이야기를 듣고 이메일을 보내왔다.

목동 지구촌교회에서 온 편지
저는 몇 년 전부터 김하중 장로님에 관해 여러 사람들을 통해 소개를 받았습니다. 그는 주중대사로 계실 때 현지 선교사님들과 중국 내 한인교회 목회자들을 위해 엄청난 중보기도를 하셨을 뿐 아니라 중국 정부까지도 기도로 영향력을 끼쳤습니다. 한마디로 느헤미야처럼 살려고 노력하는 분입니다. 그는 청와대에서 대통령을 모시고 일할 때도 대통령 집무실에 가기 전에 항상 하나님께 기도하고 들어갔습니다. 급하게 호출을 받아 그냥 들어가게 되면 대통령께 양해를 구하고 밖으로 나와 다시 기도하고 들어간 기도의 사람입니다. 그야말로 한국형 느헤미야입니다. 책 제목 그대로 '하나님의 대사'입니다.

그래서 그가 주중대사직을 마치고 귀국하여 통일부 장관으로 입각하셨을 때 저는 곧바로 장관실에 전화하여 교회에서 간증해주실 것을 부탁하였습니다. 이런 당돌한 요청을 김 장관께서는 마음에 두고 계셨다고 합니다. 그러다가 공직을 떠난 다음 제가 다시 간증 초청을 하였더니 하나님의 분명한 뜻이 계심을 확신하고 기꺼이 와주셨습니다.

장로님이 교회에 오시기로 한 날은 공교롭게도 이명박 정부 출범 2주년이 되는 날이었습니다. 대통령이 직접 전·현직 장관들을 초청하는 만찬이 있음에도 불구하고, 교회 간증을 우선으로 여기셨습니다.

21세기는 포스트모던시대로 자기 소견에 옳은 대로 살아가는 새로운 사사시대입니다. 신앙적 춘추전국시대입니다. 어느 통신 회사의 광고 문구처럼 '내 생각대로 해!'입니다. 그런데 김하중 장로님은 모든 일에 기도하면서 하나님께서 주시는 마음과 그분의 뜻대로 살아가는 표본을 보여주십니다.

장로님께서 간증하러 오셨을 때 담임목사인 저를 위해 기도하다가 하나님께서 주시는 마음을 적어 오셨습니다. 제게는 놀라운 위로와 축복의 말씀이었습니다. 마치 호렙산에서 엘리야에게 주셨던 치유와 회복의 메시지와 같았습니다. 기도 내용은 당시 제게 너무나 적합한 하나님의 메시지였습니다. 제 아내와 교우들까지 모두 공감하였습니다.

어떻게 이런 메시지를 얻을 수 있을까요? 그 방법은 오직 기도입니다. 깊은 기도이며 집중 기도입니다. 앞으로 김하중 장로님의 책을 통하여 기도생활에 새로운 도약이 이루어질 것을 설레는 마음으로 기대합니다.

하나님의 대사를 보내주십시오

2009년 11월 말에 북미주기독실업인회(CBMC)에서 2010년 7월 초 미국 메릴랜드에서 개최되는 제15차 북미주대회 주강사로 나를 초청하고 싶다는 의사를 전해왔다. 나는 이 집회에 참석하고 싶은 마음이 있어서 하나님께 기도로 여쭈었지만, 가지 말라는 마음을 주셔서 거절했다.

그런데 몇 달이 지난 2010년 5월 중순경 CBMC 부산총연합회의 부회장인 정형만 사장이 이메일을 보내왔다. 정 사장은 오사카에 계신 우정식 장로라는 분이 6월 말 오사카에 CBMC 한인지회 설립을 추진하고 있는데 《하나님의 대사》를 읽고 난 다음, 창립예배에 꼭 나를 초청하고 싶다는 뜻을 전해왔다고 하면서 우 장로의 편지를 동봉했다.

"할렐루야! 적극적인 후원과 기도의 열매로 오사카 한인지회를 설립하고자 합니다. 그 첫 예배에 '하나님의 대사' 김하중 장로를 초청합니다. 예수를 믿지 않는 사업자들에게 복음을 전하기 어려운 일본에서 살아 역사하시는 영적 능력의 말씀으로 우리 회원들의 사기를 북돋아주시는 기회가 될 줄로 믿고 간청을 드립니다. 하나님의 뜻이 계실 것으로 확신하며 부탁드립니다."

내가 정 사장에게 오사카지회 창립 회원이 몇 명이냐고 물었더니 5명이라고 했다. 나는 속으로 의아했다.

'아니, 어떻게 5명의 회원으로 창립예배를 하면서 내게 비행기를 타고 오사카까지 오라고 하는 것일까? 설마 하나님이 이런 곳까지 가라고 하실까?'

하지만 늘 하던 대로 기도하면서 하나님께 여쭈어보기로 했다. 그런데 뜻밖에도 강력하게 가라는 마음을 주시는 것이 아닌가! 혹시나 해서 여러 번 기도해보았지만 답은 마찬가지였다. 며칠 후 나는 할 수 없이 정 사장에게 오사카에 가겠다고 연락했다. 정 사장도 중간에서 연락은 했지만 CBMC 북미주대회가 열리는 것을 알고 있었기에 내가 갈 것이라고는 생각하지 않았는지 깜짝 놀라며 오사카에 연락을 하겠다고 했다.

창립회원이 5명이라고 했으니, 회원 이외 다른 사람들이 좀 온다고 해도 기껏해야 몇십 명 정도의 집회가 될 것이라고 예상하고, 나는 6월 24일에 오사카로 향했다. 그런데 막상 도착해보니 참석 인원이 120명이 넘었다. 우선 CBMC 본부의 김창성 사무총장을 비롯한 신용한 세계 CBMC 이사장, 동경지회, 부산총연합회 간부, 오사카지회 설립에 가장 큰 기여를 한 부산 녹산지회 회원들이 대거 참석하고, 기타 일본 CBMC 회원과 일본인 목사, 일본에서 활동하는 한국 목사들과 선교사들이 참석했다. 창립예배는 아주 아름답고 은혜롭게 진행되었다.

다음 날 오사카 시내의 한 음식점에서 저녁 식사를 하게 되었다. 그 자리에는 CBMC 오사카지회 최기영 회장, 우정식 장로, 부산총연합회 윤용원 사무국장과 정형만 사장 등이 동석했다. 식사 중에 내가 최 회장에게 물었다.

"이번에 제가 오기는 왔지만 어떻게 그런 적은 인원으로 저를 초청할 생각을 하셨습니까?"

"저희는 전혀 생각을 못했습니다. 그런데 우 장로님께서 김 장로님이 틀림없이 오신다고 하셔서, 어른이 하시는 말씀이라 초청을 했는데 장로님이 정말 오신다고 해서 저희도 매우 놀랐습니다."

내가 다시 우 장로에게 물었다.

"장로님은 어떻게 저를 초청할 생각을 하셨습니까?"

우 장로가 대답했다.

"저는 이미 여든이 넘었고 일본에 온 지도 60년이 넘었습니다. 저는 지난 세월 동안 일본에서 하나님을 위해 많은 사역을 했습니다. 저는 이렇게 기도했습니다.

'하나님, 제가 죽을 때가 가까워오는데, 한 가지만 하나님께 말씀드리겠습니다. 이번 CBMC 오사카 한인지회 창립예배 때 김하중 장로님을 꼭 보내주십시오.'

기도 중에 하나님께서 김 장로님을 꼭 보내주시겠다는 확신을 주셨습니다. 저는 기도 응답을 받고 이 사람들에게 김 장로님을 초청하자고 했는데 절대로 오시지 않을 거라고 하더군요. 그래서 한 번만 메일을 보내서 안 오신다고 하면 그때 포기하겠다고 해서 동의를 받고 정형만 부회장한테 연락을 한 겁니다."

우 장로는 이 말을 하면서 눈시울이 붉어졌고, 나도 눈물이 나오려는 것을 간신히 참았다.

하나님께서 자신의 충성스런 종이 눈물로 간구한 기도를 들으신 것이었다. 그래서 창립 인원이 5명밖에 안 되는 집회지만 내게 가라는 강한 부담을 주신 것이었다. 나는 하나님께서 살아 역사하시는 것을 보면서 정말 감사했다.

나는 우 장로를 위해 기도할 때 하나님께서 주신 마음을 정리한 기도문을 읽어주었다. 우 장로는 다시 눈시울을 붉히면서 "장로님 기도대로 건강과 자녀 문제로 기도해왔는데 하나님께서 걱정하지 말라고 하시니 걱정하지 않겠다"라고 말했다.

세월이 한참 흐른 후 우정식 장로가 이메일을 보내왔다.

오사카에서 온 편지

저는 대사님의 저서를 통해서 80대에 새로운 인생으로 갱생하는 축복을 받고 늘 기뻐하며 감사합니다. 처음에 오사카 CBMC 한인 지회를 창립하기 전에 일 년 반 넘게 기도했습니다. 그 후 하나님께서 제 기도를 들어주셨고, 우리는 지회 창립을 위한 준비를 해 나갔습니다.

그런데 어느 날 부산지회에서 갖고 온 《하나님의 대사》를 보고 깜짝 놀랐습니다. 특히 "나는 이 책을 읽는 당신에게도 동일한 역사가 일어날 것이라 믿고, 그렇게 되기를 기도할 것이다"라는 부분을 읽고 하나님께서 제 기도를 들어주실 것이라는 강한 마음의 감동이 있었습니다. 그리고 기도했습니다.

'이 일본 땅에 하나님의 대사 김하중 장로님을 꼭 보내주셔야 하겠습니다. 제가 80 평생을 기도했지만 다시 한 번 진심으로 생명을 다 바쳐 기도드립니다. 제 생애 마지막으로 하나님 영광의 빛을 세상에 알리는 축복을 허락해주십시오!'

일을 추진하는 과정에서 회원들이 어떤 분을 강사님으로 모실지 이야기를 하기에 제가 '하나님의 대사'를 모셔야 한다고 강력히 주장했습니다. 모두들 장로님을 모시려면 1,2년 전에 부탁을 드려도 성사될지 안 될지 모르는데 무리하지 말고 가까이 계시는 분을 모시자고 했습니다. 그러나 저는 '시작하게 하시는 이도, 진행하시는 이도 하나님이시니 장로님이 꼭 오시도록 성령의 감동이 있게 해주십시오' 하며 틈만 나면 기도했습니다.

그리고 얼마 후 장로님이 오신다는 이야기를 전해 듣고 모두들 기뻐서 함성을 질러댔지만, 저는 감격에 벅차서 눈물만 흘렸습니다. 이 같은 축복을 받으며 창립총회가 은혜 충만한 가운데 이루어졌습니다. 제가 지금까지 많은 모임이나 행사를 해보았지만, 이번 행사만은 성령님께서 함께해주셨다는 확신이 들었습니다.

처음 시작할 때 대여섯 명이 기도하며 창립한 오사카 CBMC 한인지회는 현재 회원이 30명으로 늘어났으며 매주 목요일 아침 7시에 조찬기도회도 잘 모이고 있습니다. 이제는 오사카뿐 아니라 교토, 고베, 나라 등 주변 도시의 지회 설립을 위하여 열심히 기도하고 있습니다. 2012년 6월 24일 창립 2주년 기념 예배에도 하나님의 대사를 모시도록 기도할 것입니다.

하나님께서는 눈물을 흘리며 간구하는 종의 기도를 들어주신다. 그것이 자기의 유익이나 정욕을 위한 것이 아니라면 더욱 그렇다. 그리고 순종하는 자에게 명령하신다. 하나님 말씀에 순종하는 자는 5명이 기다리는 집회에도 비행기를 타고 갈 수 있는 것이다. 나는 벌써 우 장로님을 다시 만날 날을 기다리고 있다.

새로운 중보기도팀

2010년 1월 25일에 책이 출간된 후, 3월 초에 나는 25년 전부터 통일을 위해 기도하고 있다는 한 언론인으로부터 메일을 받았다. 메일을 읽고 난 후 그가 어떤 사람인지 궁금해서 인터넷을 검색해 봤더니 "정도(正道)를 걷는 언론인"이라는 평이 나와 있었다. 몇 주 지나서 그가 다시 메일을 보내왔는데 매일 아침저녁으로 나를 위한 축복기도를 하고 있다는 내용이었다. 두 번째 메일 이후 나도 그를 위해 기도하기 시작했다.

얼마 후 그는 자신도 대중 앞에 노출되어 있는 언론인이라 항상 긴장하고 조심한다고 하면서 내 책의 위력이 매우 커서 은혜받은 사람으로서 나를 보호해야겠다는 생각이 들어 매일 중보하고 있다는 메일을 보내왔다. 그 다음 메일에는 다른 사람들과 함께 나를 위해 '김하중 타임'이라 하여 시간을 정해서 중보기도를 하는데 나도 그 기도에 참여해달라고 했다.

나는 좀 뜬금없었지만 그의 제안대로 매일 아침과 저녁 9시에 기도하면서 그를 위해서도 집중적으로 중보했다. 그가 나중에 '김하중 타임' 기간 중 경험했던 놀라운 일들을 메일로 알려왔다.

해가 바뀌어 2011년이 되었다. 그와 연락을 시작한 지 10개월이 되어가는데 아무래도 그를 한번 만나야 할 것 같았다. 그래서 1월 중순에 처음으로 그와 만나 기도에 관한 많은 이야기를 나누고, 그에게 하나님께서 주신 마음을 전해주었다.

또 시간이 지나 4월 말이 되었는데 하나님께서 자꾸 그를 만나라는 마음을 주셔서 그와 만나기로 하고 그를 위해 기도했다. 그런데 기도 중에 하나님께서는 앞으로 그의 자녀에게 문제가 생길 것이라고 경고하셨다. 나는 며칠 후 그와 만나 하나님의 경고를 전달하면서 기도를 많이 하라고 권면했다.

그리고 나서 40일 정도가 지난 다음, 그에게서 메일이 왔다. 아이가 운동을 하다가 팔이 심하게 부러졌다는 것이었다. 마침 지난번 내 이야기를 듣고 혹시 아이가 죽는 것은 아닌가 두려워 끊임없이 기도하고 있었는데 그 정도의 부상에 그친 데에 하나님께 감사기도를 드렸다고 했다.

한번은 기도 중에 하나님께서 '김하중 타임' 기도자들을 위로하라는 마음을 주셨다.

내가 그에게 연락을 하자 그가 말했다.

"기도가 끝난 다음에도 몇몇 사람들과 장로님을 위하여 계속 기도하고 있는데, 아무래도 장로님께서 한번은 그들을 초청하여 위로해주시는 것이 좋을 것 같아 기도하고 있었습니다."

나는 며칠 후 '김하중 타임' 기도자 5명을 초청하여 그동안 기도에 감사를 표하고, 그들을 위해서 기도할 때 하나님께서 주신 마음을 전해주었다.

이후 그가 메일을 보내왔다.

김하중 타임에 얽힌 이야기

《하나님의 대사》는 내게 충격이었습니다. 모태신앙이었고 교회에서 줄곧 생활해왔지만 성령의 은사가 이렇게 임할 수도 있다는 생각에 소름이 끼칠 정도였습니다. 나는 과연 성령의 은사가 어디까지 미칠 수 있을까 궁금해졌습니다. 나는 책에 나온 대로 김하중 장로님을 위해 기도하기 시작했습니다.

장로님을 위해서 6개월가량 혼자 기도를 하자 놀라운 일들이 시작됐습니다. 20분 이상 기도한 기억이 많지 않았는데, 토요일에 식사 시간을 제외하고 7시간 가까이 기도하는 날도 생겨났습니다. 방언으로 하는 기도였으므로 무슨 뜻인지는 모르겠지만, 눈물을 흘리면서 기도했고 새벽기도도 그때부터 본격적으로 이루어졌습니다. 방언기도를 시작하고 중보기도를 본격적으로 하면서, 혼자서 기도하는 것보다 교회에 가서 새벽기도회에 참석하는 것이 좋겠다는 생각이 들었습니다. 또 주일예배를 포함해서 교회에 가기 전에 꼭 방언으로 기도를 하고 갔습니다.

교회 교육부의 부서장으로 활동하고 있던 저는 교사들 전원에게 《하나님의 대사》를 선물하면서 함께 장로님을 위해 기도하자고 했습니다. 책을 읽고 감동을 받은 교사들은 내가 제안한 '김하중 타임'을 거절하지 않았습니다. 그래서 2010년 하반기부터 100일간 아침과 저녁 9시에 동시에 장로님을 위해 기도를 했습니다. 내가 문자를 보내고, 어떤 자리에서든 기도를 하는 방식이었습니다. 교사들 20여 명, 직장 후배들 10여 명 그리고 친구들까지 30여 명 이상이 참여했고, 김하중 타임이 진행되면서 참가한 분들이 10여 명 이상이었습니다. '김하중 타임'이 본격적으로 진행되면서, 장로님께도 기도 시간을 알려드리고 점차로 기도 식구들을 늘려나갔습니다.

이렇게까지 기도한 이유는 첫째로 하나님의 대사로 대중에게 노출된 장로님을 기도로 보호해야겠다는 생각이 가장 컸고 둘째로는 장로님을 위한 중보기도를 통해서 함께 기도를 하는 사람들에게 어떤 변화가 나타나는지 궁금했기 때문입니다. 나는 여러 사람이 합심해서 기도하면 틀림없이 한두 사람은 우리와 다른 능력이 나타날 것이라고 믿었습니다. 그러면 그 사람을 통해서 장로님과 같은 사례를 주변에서 또 볼 수 있을 것이라는 생각에 가슴이 설레었습니다.

일본 선교여행을 위한 기도

100일간의 '김하중 타임'이 끝나고 장로님께도 끝났음을 알려드렸습니다. 교사들, 전국 각지에 있는 내 직장 동료들과 해외에 있는 친구들까지 각자 기도를 했습니다. 우리는 많은 기도의 응답들을 받았습니다. 가장 먼저 꼽을 수 있는 것이 '김하중 타임' 바로 전에 시작했던 일본 선교여행을 위한 기도였습니다. 교사 20명이 전액 찬조만으로 일본 선교여행을 떠나겠다는 발상은 정말 어이가 없는 일이었습니다. 나중에 일본을 다녀와서 장로님께 그 과정과 결과에 대해서 말씀드렸더니, 많이 웃으시면서 그런 기도는 그다지 좋은 기도 방식이 아니라고 하셨지만 당시 나는 뭔가 불가능한 일이 이루어지는 것을 눈으로 보고 싶었습니다.

나는 어느 누구에게도 이 이야기를 하지 않았고, 교사들에게도 말하지 말라고 했습니다. 솔직히 하늘에서 하나님이 선교여행비를 던져주시기를 바랐습니다. 예수님이 세금을 바쳐야 할 상황에 놓이자 그물을 던져 잡은 물고기 배 속에서 꺼낸 동전을 떠올렸습니다. 그런데 막상 비행기 값이 제일 싼 11월이 지나고 12월이 되자 마음이 급해졌습니다.

교사들은 나만 바라보고 있었고, 나는 부담이 되어서 죽을 지경이었습니다. 자다가도 일어나 벽에다 머리를 부딪치며 하나님께 기도를 드렸습니다. '김하중 타임'을 제외하고는, 하루 종일 일본 선교여행에 관한 기도를 했습니다. 그러다가 우연히 회사 다른 부서에서 일하고 계시는 장로님을 만났습니다. 해외선교를 위해 힘쓰시고, 여러 놀라운 사역을 감당하신 분이었습니다. 그 분에게 일본 선교와 관련된 사정을 말씀드렸지만 장로님은 웃으시며 별 말씀이 없으셨습니다.

기도의 맛을 느끼다

그리고 한 달쯤 지났는데, 문득 회사의 장로님이 나를 보자고 하셨습니다. 어떤 집사님과 식사를 하는데, 같이 가자는 것이었습니다. 이미 일본 선교여행 문제로 진이 다 빠져서 마음이 내키지 않았지만 참석했습니다. 그런데 놀라운 일이 일어났습니다. 장로님은 아무 생각이 없이 나를 부르셨는데, 함께 식사하려던 집사님이 바로 하나님께서 예비하신 분이었습니다.

그 집사님의 승용차 문이 열리는 순간, 하나님이 내게 '이 사람이 너에게 일본 선교 지원금 줄 사람이다'라는 마음을 주셨습니다. 승용차 뒷자리에서 어찌나 가슴이 뛰고 설레이든지 도저히 앉아 있을 수 없을 정도였습니다.

식당에 도착하자마자 나는 그 집사님께 "우리가 일본 선교 가는데, 지원금 주세요"라고 말씀드렸습니다. 마치 맡겨놓은 돈이라도 있는 것처럼 당당하게 말하는 나에게, 그 집사님은 "네, 지금 제 수중에 돈이 없고요, 아내가 퇴직금을 제 통장에 넣어놨으니 바로 드리겠습니다"라고 대답하셨습니다.

그는 나중에 알고 보니 큰 회사를 경영하다 부도 직전에 몰려 하소연 겸 기도 부탁을 위해 장로님을 찾아온 것이었습니다. 그 집사님 덕택으로 우리 교사들은 담임목사님을 비롯해 가족 일부까지 데리고 일본의 기독교 순교지를 다녀왔습니다.

그런데 100일 기도가 끝날 무렵에 그 집사님의 사업이 상상도 못하는 방식으로 해결되었고, 우리가 기도했던 수준이 아닌 말로 형용 못할 정도의 축복으로 이어졌습니다. 부도 직전이던 회사에 전혀 예상하지 못한 도움의 손길들이 이어졌고, 엄청난 계약들이 쏟아지기 시작했습니다.

나는 '김하중 타임' 이후, 장로님께 기도 방식과 방향에 대해 코치를 받으며 기도의 맛을 느끼기 시작했습니다. 장로님이 받으신 기도의 은사에 대해서 늘 궁금했는데 '김하중 타임'을 통해서 본격적으로 궁금증이 풀리기 시작했습니다. 그것은 하나님의 주권에 속한 것이고 인간의 의지와 관련이 없는 일이었습니다. 은사를 간구할 수는 있어도, 허락하시는 분은 하나님이시고, 그 목적은 순전히 하나님의 영광과 나라를 위한 것이었습니다. 나는 하나님께서 기름부은 자들에 대한 축복이 얼마나 큰지 알았고 하나님은 눈물로 매달리는 자녀들의 기도를 절대 외면하지 않는다는 사실을 확실히 깨달았습니다.

또 장로님은 내게 '기기감(기뻐하고, 기도하고, 감사하라)'을 강조하셨고, 나를 미워하는 이들을 위해서 기도하라고 하셨습니다. 상대가 더 잘되도록 하는 것이 하나님을 믿는 사람이 할 수 있는 최고의 선물이라는 것이었습니다.

'김하중 타임'은 아직 끝나지 않았습니다. 나와 함께한 기도의 동역자들이 계속 개인적으로 지키고 있고, 나 역시 매일 새벽 가장 먼저 장로님을 위한 축복과 사역의 확장을 위해 기도합니다. 중보기도는 기도의 대상은 물론 자신에게도 큰 축복이 됨을 직접 체험했기 때문입니다.

하나님은 참으로 놀라우시다. 책이 출간된 이후 혹시 내가 공격 받을 것에 대비해 나와 전혀 상관없고, 알지도 못하는 하나님의 사람들을 통해 중보기도를 시키신 것이다. 나는 이러한 하나님의 사랑을 생각하면 그저 눈물만 나온다.

AMBASSADOR OF GOD

CHAPTER 07

성령의 권능과 리더십

진정한 리더의 조건
세상적인 리더
영적인 리더
영적인 리더들의 사명

진정한 리더의 조건

나는 36년 공무원생활 중 외무부 장관실에서 세 번 근무를 하면서 4명의 장관을 모셨고, 청와대에서 대통령을 모시고 3년 8개월을 근무했다. 그리고 주중대사로 부임하여 6년 반을 근무한 뒤 통일부 장관을 마지막으로 공직을 떠났다. 그러다보니 자연히 정계(政界), 관계(官界), 재계(財界), 학계(學界) 등 각 영역의 리더들을 만나 대화할 기회가 많았다. 많은 분들을 만난 후 내 나름대로 리더가 구비해야 할 조건을 네 가지로 정리해보았다.

첫째, 상황에 대한 판단력이 있어야 한다

나는 대통령이나 총리, 혹은 장관이 주재하는 회의와 보고에 참석한 경험이 많다. 그런데 보고하는 사람이 상황에 대한 판단이 정확하지 않은 경우를 흔히 볼 수 있었다. 어떤 사람은 안이하고, 어떤 사람은 과장되게 상황을 판단했다. 이런 리더의 정확하지 않은 판단은 조직원까지 우왕좌왕하게 만들기 마련이다. 나는 리더가 상황 판단을 잘못하여 조직이 흔들리고 조직원들이 고생한 경우를 많이 보았다.

둘째, 비전과 담대함을 가져야 한다

리더는 늘 결정을 해야 한다. 어떤 일을 해야 할지 하지 말아야 할지, 앞으로 나아가야 할지 기다려야 할지를 결정해야 한다. 리더가 아무런 비전이 없고 결정을 할 만한 담대함이 없을 경우, 아래 사람들에게 건의하라고 하고는 결정을 미룬다. 그러나 아래 사람들도 책임이 두려워 함부로 결정하지 못한다. 그들은 서로 책임을 피하려고 끊임없이 회의를 하고, 윗사람이 결정해주기만을 기다린다.

상황이 이런데도 비전 없고, 능력 없고, 책임지기를 두려워하는 리더는 차일피일 결정을 미룬다. 결국 리더가 책임지고 결정만 하면 되는 일이 지지부진하게 된다. 만일 이러한 상황이 전쟁터에서 벌어진다면 그 전쟁은 반드시 패배할 것이다. 마지막 결정을 부하에게 미루는 리더는 담대하지 못하고 비겁한 사람이며, 자신에게 어떠한 책임도 오지 않도록 하기 위해 결정을 상사에게만 넘기는 부하도 마찬가지이다.

셋째, 지혜와 통찰력이 필요하다

리더는 결정 사항을 추진해가는 과정에서 상대방이나 경쟁자의 생각과 의도를 정확히 파악하여 대응 방안을 강구해야 한다. 그러기 위해서는 지혜와 통찰력이 필요하다. 오랜 기간의 경험에서 얻어진 노하우가 없이 하루아침에 그 자리에 올라간 리더는 그런 능력이 없다.

그래서 부하들에게만 무조건 올바른 대책을 강구하라고 지시하고 닦달한다. 그러나 리더의 가이드라인이 없고, 높은 위치에 가보지 못한 부하들은 더더욱 대책 마련이 어렵다. 그러다보니 상황에 맞지 않는 방안만 작성해 올리는 악순환이 계속되고 시간만 흘러간다.

넷째, 도덕적이어야 하며, 부하를 사랑으로 품어야 한다

리더가 아무리 많이 배우고 머리가 좋아도 부정직하고 부도덕하다면 윗사람으로서의 권위가 서지 않고, 사랑이 없고 강퍅하다면 부하들이 무서워하되 존경하지 않으니 그 조직은 죽은 조직이나 다를 바가 없게 된다.

그러므로 상황을 정확히 판단하고, 비전과 담대함을 가지고 가부(可否)와 방향을 결정하며, 지혜와 통찰력으로 구체적 방안을 강구하고, 도덕적으로 흠결이 없으며, 부하의 잘못도 품어줄 수 있을 정도로 사랑이 많은 사람이 진정한 리더다.

세상적인 리더

　세상 사람들은 성공을 원한다. 그 성공이란 명예를 얻거나 권력을 갖거나 돈을 많이 버는 것을 의미한다. 대부분 사람들은 성공을 위해 사람을 의지한다. 자신의 성공에 도움을 줄 수 있는 사람을 만나고 그러한 사람들과 좋은 관계를 유지하기 위해 끊임없이 노력한다. 사람들은 이를 일컬어 "인맥을 구축한다"라고 한다.

　시간에 쫓기면서도 그 많은 결혼식과 장례식, 동창회, 친목회, 세미나, 리셉션 등을 찾아다니는 것도 그러한 이유이다. 또한 자신만 아니라 자녀들의 성공을 위하여 어떻게 해서든지 좋은 학교에 보내려 하고, 좋은 집안과 결혼시키려 한다.

　그러나 이런 사람들이 알아야 할 것이 있다. 인맥이 풍부한 사람은 성공하는 과정에서 사람들의 도움을 받기는 하지만, 나중에는 인간관계로 인해 오히려 자유롭기가 어렵다는 사실이다. 상부상조한 사람들의 수가 많아지면 많아질수록 그는 사람들로 인하여 구속과 제약을 받을 수밖에 없다. 소위 인맥이 풍부한 사람이 어느 조직의 리더가 되면, 그는 객관성과 공정성에 기초한 담대한 결정을 내리기가 어렵다. 왜냐하면 자신을 도와주고 지지한 사람들의 의견이나 요청을 무시할 수가 없기 때문이다.

　만일 무시한다면 그는 의리가 없는 사람으로 알려질 것이고 그것이 나중에 어떤 불이익을 가져올지 모르기 때문이다. 그래서 그가 내리는 결정은 투명성을 확보하기가 어렵고 공정성과 객관성이 결핍될 수밖에 없다. 결국 그가 사람에 의지하여 성공했을지는 모르나, 바로 그 '사람'으로 인해 진정한 의미의 리더로서의 역할을 수행하기가 어렵게 된다.

영적인 리더

앞에서 우리는 세상의 많은 리더들이 하나님을 믿지 않기 때문에 사람을 의지하여 성공을 추구한다는 것을 보았다. 그러나 크리스천들도 하나님을 믿는다고 하면서 세상 사람들과 똑같이 행동하는 것을 심심치 않게 본다. 왜냐하면 그들도 불신자들과 마찬가지로 하나님이 살아 계신다는 것을 확신할 수 없기 때문이다.

그들은 "성경은 성경이고, 현실은 현실"이라고 강변한다. 그러나 하나님을 믿는 자, 특히 하나님의 대사들은 세상적인 리더가 아닌 영적인 리더들이다. 영적인 리더는 세상 사람들이 가질 수 없는 특별한 것이 있다. 그것은 성령께서 주시는 권능이다. 영적인 리더는 바로 이 권능으로 놀라운 리더십을 발휘할 수 있다.

> 그의 위에 여호와의 영(靈) 곧 지혜와 총명의 영이요 모략과 재능의 영이요 지식과 여호와를 경외하는 영이 강림하시리니 사11:2

첫째, 사람을 의지하지 말고 사랑하라

나는 공직에 있는 동안 사람을 의지하지 않으려고 끊임없이 노력했다.

너희는 인생을 의지하지 말라 그의 호흡은 코에 있나니 셈할 가치
가 어디 있느냐 사 2:22

나는 1994년 예수를 다시 믿기 시작한 후부터 하나님만을 의지하기로 작정했다. 앞서 말했듯이 나는 외무부 장관실에서 세 번 근무했고, 세 번 장관이 바뀌는 것을 경험했다. 나는 맨 처음 내가 모시던 장관이 바뀌는 순간에 사람들이 변화되는 모습을 보고 놀랐다. 외부 사람들은 물론이고, 부내의 간부들이나 직원들의 태도도 순식간에 바뀌었다. 장관으로 임명될 때 보내온 축전은 수백 통이었지만, 같은 장관이 이임할 때 보내오는 위로 전문은 단 한 통도 없었다.

두 번째 장관이 바뀔 때 역시 같은 경험을 하면서 세상인심이 참 무섭다는 것을 다시 한 번 확인했다. 세 번째 장관이 바뀔 때는 아무런 기대도 하지 않았다. 훗날 김대중 대통령께서 퇴임한 이후 사람들의 태도를 볼 때쯤에는 그런 행동들이 당연하게 여겨졌다.

우리는 가끔 영향력 있는 자리에 근무하던 사람들이 그 자리를 떠난 후 사람들이 자신에게 섭섭하게 대하는 것을 보고 이렇게 말하는 것을 듣는다.

"그 사람이 그럴 줄은 몰랐다."

"내가 사람을 잘못 보았다."

이런 말을 하는 사람은 어떻게 보면 순진하다고 볼 수 있다. 세상이란 원래 그런 것이다. 자기에게만은 그렇지 않을 거라고 기대하

는 자체가 무리다.

다는 아니겠지만, 대부분의 사람들은 누구를 만날 때 그 사람 자체를 보는 것이 아니라 그 사람이 어떤 자리에 있으며, 어떤 영향력이 있는지 그리고 그와 좋은 관계를 유지할 때 어떤 이익을 얻을 수 있는지를 계산한다. 대개의 경우 그가 자기에게 현재나 미래에라도 도움이 될 것이라 판단되면 친절하고 우호적으로 행동하나 현재는 물론이고 장래에도 희망이 없다고 생각되면 바로 태도를 바꾼다.

일부 조심스러운 사람들은 그래도 계속 투자할 가능성이 있는지를 탐색하면서 일정한 관계를 유지하지만 어느 단계에서 그럴 가능성이 없다고 판단되면 매정하게 변한다. 이것은 특별한 게 아니라 보편화된 일반적인 현상이다.

결국 우리가 이 세상에서 진정으로 의지할 수 있는 사람은 아무도 없다. 그럼에도 불구하고 사람들은 눈에 보이는 목적을 달성하기 위해 사람과의 관계를 중시한다. 그래서 처세술이나 대인관계를 좋게 하는 방법을 배우기도 하고, 사람을 칭찬해야 한다고 가르치기도 한다. 그러나 이것은 본질이 아닌 한낱 기술을 가르치는 데 불과하다. 그러한 방법은 일시적인 효과는 있을지 모르지만 어느 단계에 가면 전혀 통하지 않게 된다.

물론 세상을 살아가는 데 있어 사람과의 관계는 중요하다. 무슨 일을 하든지 사람들의 지지와 협조를 받아야 한다. 그렇지 않으면 이 세상을 살아갈 수 없으며, 우리가 원하는 목적을 달성할 수도 없다. 다만 크리스천이 세상 사람들과 같은 방법으로 살아서는 안 된다는 것이다.

하나님을 믿는 사람들에게는 세상 사람들이 따라 배울 수 없는 강력한 무기가 있다. 바로 '사랑'이다. 물론 믿지 않는 사람들도 얼마든지 사람을 사랑할 수 있지만 하나님께서 주시는 사랑과 긍휼한 마음으로 원수까지 용서하기는 어렵다. 따라서 진정한 사랑은 하나님의 사람들의 가장 중요한 특징이라고 할 수 있다.

> 나는 너희에게 이르노니 너희 원수를 사랑하며 너희를 박해하는 자를 위하여 기도하라 마 5:44

> 너희가 만일 너희를 사랑하는 자만을 사랑하면 칭찬받을 것이 무엇이냐 죄인들도 사랑하는 자는 사랑하느니라 (…) 오직 너희는 원수를 사랑하고 선대하며 아무것도 바라지 말고 꾸어 주라 그리하면 너희 상이 클 것이요 또 지극히 높으신 이의 아들이 되리니 그는 은혜를 모르는 자와 악한 자에게도 인자하시니라 눅 6:32,35

우리는 사랑을 통해 내가 속한 직장을 변화시킬 수 있고, 내 주위 사람을 변화시킬 수 있다. 하지만 미워하는 사람이나 원수를 직접 만나 사랑한다고 말하기는 상당히 어렵다. 그럴 때 우리는 기도를 통해 사랑을 전해야 한다. 우리가 무릎을 꿇고 자기를 미워하는 사람을 용서하고, 그를 위해 기도하면서 사랑과 축복을 선포할 때 내 안에서 놀라운 역사가 일어난다. 그것이 사랑의 능력이며 기도의 능력이다.

우리는 상사를 사랑하고 동료를 사랑하며 부하를 사랑해야 하며, 내게 호의적으로 대하는 사람들은 물론 적대시하는 사람들을 위해서도 기도해야 한다. 이는 하나님의 명령이기 때문에 싫더라도 해야 한다.

어떤 사람들은 자신의 목적을 달성하기 위해 세상적인 방법을 사용하지만 영적인 리더들은 기도하면 된다. 《하나님의 대사》 1권과 2권에서 보듯이 내가 청와대에서 대통령의 의전비서관과 외교안보수석비서관을 성공적으로 수행하고, 6년 반 동안 최장수 주중대사를 한 것도 전부 기도 덕분이다.

주중대사를 할 때 나는 골프를 전혀 못하고 술을 마시지 않고도 주어진 임무를 훌륭하게 수행할 수 있었다. 내가 중국 친구들을 사랑하여 수천 번, 때로는 만 번씩 기도하는데 어찌 하나님께서 내 기도를 듣지 않으실 수 있겠는가! 비록 좋은 음식을 대접하지 않고 큰 선물을 주지 않을지라도 상대를 위하여 기도하면서 사랑하고 축복할 때 놀라운 능력이 일어난다.

결국 외교도 인간관계도 사람의 마음을 움직이는 것인데, 물질로 사람을 움직이는 것은 일시적이다. 누군가를 위해 긍휼과 사랑의 마음으로 깊이 기도할 때 하나님께서 그들의 마음을 움직여주신다.

내가 2008년 3월 통일부 장관에 취임한 후 통일부의 과장급 이상 전 직원들과 대화한 적이 있었다. 그때 내가 말했다.

"여러분, 장관이 부럽지요? 여러분도 장관이 되고 싶은 마음이 있지요? 내가 비결을 가르쳐줄게요. 아주 간단합니다. 앞으로 여러분들이 공무원생활을 하면서 무슨 일이 생기든지 감사할 수 있고, 어떠한 사람을 만나도 사랑할 수만 있다면 어느 날 반드시 장관이 되어 있을 겁니다."

나는 공무원생활을 하면서 내가 만나는 사람들을 사랑했다. 내가 모시던 상사들을 사랑했고, 나와 함께 일하던 동료들과 직원들을 사랑했고, 업무적으로나 신앙적으로 만나는 사람들을 사랑했다. 특히 나보다 지위가 낮고 힘들고 어려운 사람들을 더 사랑했다. 나는 정말로 '사랑의 중보자'가 되고 싶었다. 지금 내가 관리하는 중보기도 리스트는 4천 명이 넘는다. 그중 매일 300명 정도를 기도하는데, 힘들지만 나의 기도를 기다리는 사람들을 생각하면 하지 않을 수 없다.

사랑은 세상의 어떤 사람도 흉내낼 수 없는 크리스천의 강력한 무기이다. 세상 사람들이 명문 학교나 큰 직장에는 얼마든지 들어갈 수 있어도, 하나님의 마음을 가지고 사람을 진정으로 사랑하고 긍휼한 마음을 갖는 것은 어렵다. 그러므로 크리스천들은 세상에서 우리만이 가질 수 있는 사랑의 병기를 마음껏 사용해야 한다.

그런즉 믿음, 소망, 사랑, 이 세 가지는 항상 있을 것인데 그중의 제일은 사랑이라 고전 13:13

둘째, 정직하라

하나님의 사람은 정직해야 한다.

여호와는 의로우사 의로운 일을 좋아하시나니 정직한 자는 그의 얼굴을 뵈오리로다 시 11:7

본래 죄인으로 태어난 인간이 완전히 정직하기란 불가능하다. 그러나 하나님을 믿게 되면 우리는 끊임없이 정직해지려고 노력한다. 하나님을 믿기 전에는 매일 열 개씩 짓던 죄를 아홉이나 일곱으로 점점 줄여나가면서 성화되어가는 것이다. 공적인 일을 행할 때는 더욱 정직하도록 노력해야 한다. 특히 중요한 일을 결정할 때 자신의 견해를 정직하게 개진해야 한다.

나는 김대중 대통령을 모시고 근무하는 동안 가능한 한 정직하려고 노력했다. 《하나님의 대사 1》에서 이야기했듯이 대통령께 보고하러 들어갔다 잠깐 나온 것은 대통령에게 보고드리고 대답할 때 나에게 정직함과 담대함을 달라고 기도하기 위해서였다.

한번은 대통령께서 나에게 어느 외국 인사를 만나겠으니 시간을 주라고 지시했다. 그러나 나는 대통령께서 그 인사를 직접 만나시는 것은 적절하지 않다고 말씀드렸다. 며칠 후 대통령께서 다시 나에게 그 인사를 만나는 문제에 대한 의견을 물었다. 나는 다시 적절하지 않겠다고 말씀드렸다. 그리고 며칠이 지났다. 임동원 외교안보수석이 나에게 전화를 해서 말했다.

"조금 전 대통령께서 제게 어느 외국 인사를 만나고 싶은데 김 비서관이 계속 반대한다고 하시면서 내 의견을 물어보셨습니다. 물론 김 비서관의 주장이 맞지만 이러이러한 측면도 있으니 일정을 잡아드리는 것이 어떻겠습니까?"

나는 그 말을 들으면서 대통령께 죄송했다. 대통령 비서관이 상사의 명령에 순종하지 않고 반대 의견을 내어 결국 다른 수석비서관이 그 사실을 알게 되었다는 것이 마음에 걸렸다. 그러면서도 대통령께서 나의 그런 주장을 야단치지 않고, 끝까지 받아주신 것에 대하여 감사했다. 사실 나는 김대중 대통령을 모시고 일하는 내내 대통령의 말씀에 내 의견을 있는 그대로 정직하게 말씀드렸다. 대통령께서는 나의 그러한 점을 좋아하시면서 계속 그렇게 해달라고 부탁하시곤 했다.

많은 사람들이 높은 사람의 측근이 되면 그 힘을 배경으로 교만하게 행동하기 쉽다. 그리고 자신의 충성도를 보여주기 위하여 상사의 말에 무조건 복종하고, 그것을 무리하게 실행하려고 엄청난 예산과 인력을 낭비하는 일이 많다. 그러나 하나님의 사람들은 그렇게 해서는 안 된다. 비록 자신이 어려움을 당하는 한이 있더라도 끊임없이 자신의 의견을 정직하게 개진하여 문제가 발생하는 것을 미연에 방지하도록 노력해야 한다.

내가 청와대에서 근무할 때와 주중대사 그리고 통일부 장관 시절에 내 밑에는 많은 직원들이 있었다. 나는 항상 그들이 나에게 정직해주기를 원했다. 그러나 정직한 사람들은 많지 않았다. 많은 직원들이 나에게 잘 보이려고 적당히 둘러대고 과장하거나 축소해서 보고했다.

나는 직원들을 평가할 때 늘 그가 얼마나 정직하고 성실하며 실력이 있는지를 고려했다. 비록 뛰어난 학벌과 배경을 가졌다고 하더라도 자기밖에 모르는 이기주의자, 일은 항상 말로만 하고 관심은 오직 돈 많고 권력 있는 사람들과의 교제에만 쏠려 있는 직원들에 대하여 매우 엄격하게 대했다. 그들 중 일부는 뒤에서 나를 험담하고 비방했지만 나는 아무 말도 하지 않고, 기도로 그들을 축복했다.

셋째, 두려워하지 말고 담대하라

영적인 리더의 특징은 담대함이다.

> 너희는 강하고 담대하라 두려워하지 말라 그들 앞에서 떨지 말라 이는 네 하나님 여호와 그가 너와 함께 가시며 결코 너를 떠나지 아니하시며 버리지 아니하실 것임이라 신 31:6

세상 사람들은 사람을 잃게 될까 봐 무서워하고, 자기가 가진 것을 잃을까 두려워한다. 물론 세상 사람들도 담대할 수 있다. 그러나 돈을 가진 사람이 돈을 잃어버리고, 명예나 권력을 가진 사람이 그 자리를 떠나거나 권력을 잃어버리면 넘쳤던 호기(豪氣)와 자신감은 순식간에 사라지고 만다. 그러나 영적인 사람들은 하나님을 믿고 성령님의 인도를 받기 때문에 항상 담대하다. 성경에 나오는 리더들이 모두 담대했던 이유는 하나님께서 그들을 인도하시고 보호하셨기 때문이다.

나는 공직에 있을 때 항상 담대하려고 노력했다. 그리고 무엇을 결정해야 할 때 미루지 않았다. 대통령 의전비서관이나 외교안보수석비서관으로 있으면서 매일 내가 결정해야 할 수많은 문제가 있었지만, 나는 항상 자료를 숙독하고, 사람들의 이야기를 잘 듣고, 기도한 다음 신속하고 담대하게 결정을 했다. 내가 어떻게 일했는지는 당시 청와대 직원들이나 관계 부처 장관들이 지금도 잘 기억하고 있을 것이다.

또 주중대사를 할 때 역시 끊임없이 공부하고, 직원들이나 사람들의 이야기를 충분히 듣고 생각하고 기도하면서, 간부들이나 직원들이 요청하면 신속하게 결정을 해주었다. 탈북자 문제나 국군포로 문제로 밤이나 새벽에 총영사나 직원들이 전화하여 상황을 보고할 때도 나는 결정을 미루지 않았다. 일 년 365일 언제든지 직원들이 나에게 오면 나는 그들의 이야기를 잘 듣고 빨리 결정하고 방향을 정해주었다. 통일부 장관을 할 때도 마찬가지였다.

그것은 무릎 꿇고 기도할 때 하나님께서 주시는 지혜와 담대함이 있었기에 가능했다. 이 지혜와 담대함은 세상에서 배우는 지식이나 경험과는 비교할 수 없는 강력한 무기이다.

넷째, 책임과 고통을 기쁘게 감당하라

리더는 항상 중요한 결정을 해야 한다.

네가 자기의 일에 능숙한 사람을 보았느냐 이러한 사람은 왕 앞에 설 것이요 천한 자 앞에 서지 아니하리라 잠 22:29

만일 그가 해야 할 결정이 누구든지 할 수 있는 것이라면 그 조직은 리더가 필요 없다. 리더는 항상 조직원들이 쉽게 할 수 없는 어려운 결정을 해야 하며, 그들을 한 번도 가보지 않은 곳으로 데려가야 한다. 따라서 그에 따른 책임도 크다.

리더가 책임지지 않으려 한다면 그는 리더가 될 자격이 없다. 지금 이 사회에 비겁하고 자격이 없는 리더가 얼마나 많은가. 또한 리더가 되려면 항상 심신이 고달플 수밖에 없다. 어느 조직의 리더가 개인적으로 하고 싶은 일을 다 하고, 놀고 싶다고 다 논다면 그는 진정한 의미의 리더가 아니다.

나는 청와대에서 근무할 때 매일 밤늦게 퇴근하고 토요일(당시에는 일을 했음)은 물론 일요일 오후에 출근을 해도 읽어야 할 자료와 챙겨야 할 일이 쌓여 있었다.

주중대사를 할 때는 재임 기간 중 우리나라 대통령이 3회, 총리가 3회, 부총리가 7회, 장관 및 장관급이 53회, 국회의원과 국회의원단이 63회 등 주요 인사들이 인솔하는 대표단이 350회 이상 중국을 방문했다.

또한 양국 무역은 연간 1450억 불에 달했고, 일주일에 한국과 중국을 오가는 항공편이 830회가 넘었으며, 한국 사람들이 일 년에 470만 명씩 밀려왔고, 중국에 체류하는 한국인들도 60만 명에 달했다. 거기에다 탈북자들은 대사관에 430회가 넘게 들어왔고, 국군포로 문제, 납북자 문제, 6자회담, 동북공정 등 어려운 일들이 산적해 있었지만, 나라와 민족을 위해 일한다는 기쁨과 사명감으로 6년 반을 버텼다.

사람들은 피곤을 풀기 위하여 골프를 한다고들 했지만 나는 골프는커녕 잠도 충분히 잘 수가 없었다. 골프를 하고 싶어도 도저히 그런 생각을 할 여유가 없었다. 주말에는 반드시 베이징을 비롯한 중국 각지에 있는 교회들의 어려움을 살피고 힘들고 어렵게 지내는 교인들과 시간을 보냈다. 처음에는 골프를 배워볼까 생각도 했으나, 골프를 하면서 만날 수 있는 사람은 몇 명에 불과하지만 그 시간이면 수십 명 내지 수백 명의 교인들을 만날 수 있었기 때문에 포기했다. 나는 그러한 생활을 통해 많은 것을 보고 배울 수 있었다. 이런 생활은 통일부 장관이 되어서도 계속되었다.

나는 공직을 마감하면서 어느 정도 휴식이 가능할 것으로 기대했다. 그러나 공직을 떠난 지 3년이 되어가는데도 매일 공부하고 기도하고 책을 쓰느라 새벽 두 시가 넘어서야 잠자리에 든다. 그래도 나는 행복하다. 왜냐하면 공직을 떠나도 할 일이 있기 때문이다.

공직에 있는 동안 직원들에게 "내가 은퇴해서 그동안 못한 이야기를 책으로 쓰자면 쓸 것이 너무 많다'라고 말했는데 그들은 내 말을 이해하지 못했다. 내가 지금 이렇게 할 수 있는 것은 영광된 자리에 있을 때 담대하게 일하면서 그 책임에 따른 고통을 기쁘게 감당했기 때문이다.

또한 하나님 말씀에 순종하여 끊임없이 기도하고 하나님의 종과 백성들을 도왔기 때문에《하나님의 대사》라는 책이 나올 수 있었다. 그래서 나는 사람들이 말하는 은퇴 후의 외로움이란 것을 모르고 산다. 공직에 있을 때 높은 사람들이나 돈이 많은 사람들과 골프를 치거나 중국 명승지를 돌아다니면서 즐거운 시간을 보냈다면 지금쯤 나도 집에서 대부분의 은퇴자들이 경험하는 외로움과 고독감에 시달렸을지도 모른다.

결론은 분명하다. 영적인 리더는 사랑과 정직함과 담대함으로 고통을 기쁘게 감당하며 영광된 자리에 있을 때 책임을 져야 한다. 그러기 위해서 온 힘을 다하여 공부하고 실력을 길러야 하고, 무엇보다 하나님께로부터 성령의 권능을 받는 것이 중요하다.

만일 하나님을 믿는다고 하면서도 남을 사랑하지 않고, 용서하지 않고, 함부로 거짓말을 한다면 그는 하나님의 말씀을 듣기는커녕 계속 사단의 미혹을 받는 자아의 소리만 듣게 될 것이다. 따라서 우리는 하나님의 말씀을 들으려고 하기 전에 먼저 '나는 얼마나 사람을 사랑하는가 그리고 얼마나 정직한가'를 돌아보아야 할 것이다. 하지만 이 모든 것은 우리에게 부어주시는 성령의 역사이다. 성령께서 회개의 영을 부어주셔야 회개할 수 있고, 남을 온전히 용서

하고 사랑할 수 있으며, 정직할 수 있다. 그리고 하나님께서 주시는 지혜와 계시의 영을 통하여 사람들이 상상할 수 없는 놀라운 일을 행할 수 있다.

영적인 리더들의 사명

2011년 부활절에 개신교에서 부활절 메시지를 발표하였다. 메시지의 핵심은 첫째로 교회가 세상을 선도하고 희망을 주어야 하는데 오히려 교회 내부의 문제들로 인해 세상에 걱정을 끼친 것을 부인할 수 없으며, 둘째는 지금의 기독교는 십자가와 부활의 복음이 아니라 '나의 영광을 위한 교회 성장'이 목적이 되어 많은 교회들이 쇠퇴하고 있다는 것이었다.

최근에 많은 사람들이 '하나님을 믿는다고 하는 사람들'과 '믿지 않는 사람들'의 차이가 없다고 비판한다. 그들은 하나님을 믿는다고 하는 사람들이 세상 사람들과 똑같이 행동하는 것에 실망한다. 심지어 어떤 이들은 교회를 잘 다니다가도 믿는 사람들의 행동에 실망하여 하나님과의 관계가 멀어지기도 한다.

특히 일부 목회자들의 행태가 기독교를 공격하는 빌미를 주고 있는 것에 안타까움을 금할 수가 없다. 예수님은 하나님과 본체시나 자신을 낮추시고 죽기까지 복종하셔서 십자가에서 돌아가심으로써 온 인류를 구원하셨다. 따라서 목회자들은 당연히 하나님의 주권을 인정하고 그 앞에서 회개하며 굴복하는 겸손한 자세를 가져야 함에도 불구하고, 자기와 자기 교회만을 위한 바벨탑을 쌓아 올리려 한다. 그래서 성도들에게 배신감과 허탈감을 주고, 불신자들이 예수님께로 오는 데 걸림돌이 되는 것이다.

많은 교회들이 성장주의에 빠지고, 세속화되며, 영성을 상실해가고 있다. 교인 수를 증가시키고 교회를 크게 만드는 일에만 열중하다 보니 목회자들은 진정한 목양은 엄두도 못 내고 기도도 제대로 하지 못한다. 또한 교회에서 점점 세상과 마찬가지로 돈과 명예와 권력 있는 사람들이 물질적으로 가난하고 연약한 자들보다 우선적으로 또 귀히 대접받는 것을 인정하지 않을 수 없다.

이런 상황에서 크리스천들, 특히 하나님의 대사들은 과연 어떻게 행동해야 하는가? 나는 지금 우리에게 주어진 두 가지 중요한 사명이 있다고 생각한다.

첫째, 세상의 빛이 되어야 한다

지금 우리 사회에 거짓과 불법이 만연되어 있다. 크리스천들조차도 어떤 사람들은 자신의 이익과 성공을 위하여 버젓이 거짓과 불법을 행하고 있다. 이것은 하나님을 믿는 사람들의 믿음이 성경적인 믿음과 거리가 멀고 또한 믿음이 행함과 분리되어 있음을 여실히 보여준다. 하나님은 우리에게 세상의 빛이 되기를 요구하신다. 빛이 된다는 것은 믿음과 행함이 일치하는 삶을 사는 것이다. 때문에 영적인 리더들은 가정과 직장과 사회를 향한 빛이 되어야 한다.

너희는 세상의 빛이라 산 위에 있는 동네가 숨겨지지 못할 것이요 사람이 등불을 켜서 말 아래에 두지 아니하고 등경 위에 두나니 이러므로 집 안 모든 사람에게 비치느니라 마 5:14,15

우리가 어둠을 떠나 빛이 되려고 노력할 때 하나님께서는 우리에게 기름을 부어주신다. 그리고 우리가 그 빛을 높이 들면 들수록 하나님께서는 더 강력한 기름을 부어주신다. 하나님은 우리 자신을 위한 것이 아니라, 열방에 주 예수 그리스도를 전하는 사람이 되라고 기름을 부어주시는 것이다. 우리는 이 기름부음을 받고, 열방으로 나아가 예수 그리스도를 전해야 한다.

둘째, 조그만 십자가라도 져야 한다

이 시대가 당면한 가장 큰 불행의 원인은 삶의 모든 것을 경제 중심적인 시각으로 보는 것이다. 하나님이 계셔야 할 자리를 돈과 재물이 차지한 결과로 세상이 너무 피폐해졌다. 그러나 크리스천들은 현실이 아무리 어둡고 힘들더라도 예수 그리스도의 십자가의 죽음과 부활의 승리를 보여주어야 한다. 사람들에게 예수께서 부활하셔서 우리 안에 계시다는 것을 보여주어야 한다.

예수님의 부활은 그분의 지극한 수난과 고통, 그리고 십자가의 죽음을 통해서 이루어졌다. 그래서 우리는 부활의 영광과 새 생명의 열매를 맺기 위해 먼저 십자가의 고통과 죽음의 아픔을 겪어야 한다.

아무든지 나를 따라오려거든 자기를 부인하고 날마다 제 십자가를 지고 나를 따를 것이니라 눅 9:23

주님과 함께 십자가의 길을 충실하게 걸어가는 것이야말로 십자가의 승리로 가는 길이다. 돈을 많이 벌어 부유하고 명예와 권력을 얻어 세상에서 성공하고 출세하는 것이 승리가 아니다. 만일 예수를 믿으면서도 말로만 믿음을 외치고 항상 자신의 풍요로운 삶과 이기적인 안위와 이익만을 생각한다면, 그는 진정한 크리스천이 아니며 십자가를 지지 않는 것이다. 누군가 우리 집안은 예수를 잘 믿어 돈을 벌고 명예를 얻었으며 권력을 잡았다고 자랑한다면 진정한 믿음의 명문이 아니다.

여호와께서 이와 같이 말씀하시되 지혜로운 자는 그의 지혜를 자랑하지 말라 용사는 그의 용맹을 자랑하지 말라 부자는 그의 부함을 자랑하지 말라 자랑하는 자는 이것으로 자랑할지니 곧 명철하여 나를 아는 것과 나 여호와는 사랑과 정의와 공의를 땅에 행하는 자인 줄 깨닫는 것이라 나는 이 일을 기뻐하노라 여호와의 말씀이니라 렘 9:23,24

우리가 예수를 조금이라도 닮기 위해서는 항상 힘들고 희생하는 삶을 살아갈 수밖에 없다. 우리가 다른 사람을 위하여 그리고 나라와 민족을 위하여 조그만 십자가라도 지려고 하면 삶이 힘들 수밖에 없기 때문이다. 그러나 힘들다고 십자가를 지지 않으면 하나님을 만나기 어렵고 영적 게으름과 매너리즘에 빠지게 될 것이며 결국 그 삶에 하나님의 살아 계심을 경험한 간증이 없을 것이다.

또한 영적인 리더는 항상 불쌍하고 어려운 하나님의 백성들을 위하여 살아야 한다. 그가 아무리 많이 배우고 사회적으로 아무리 중요한 사람이라고 하더라도 그의 마음에 사람에 대한 사랑과 불쌍한 사람에 대한 긍휼한 마음이 없다면 그는 진정한 리더가 아니다.

에필로그

믿음의 기도가
필요한 때

　나는 2011년 3월 31일, 서울 사랑의교회에서 열린 '쥬빌리통일구국기도회'에 가서 "약속의 땅을 위하여 기도하라"라는 제목으로 집회를 한 적이 있다. 요지는 앞으로 북한에서 여러 가지 놀라운 일이 발생할 것이고, 남북관계에도 많은 일이 발생할 것이나 놀라거나 두려워하지 말고 항상 깨어 기도해야 한다는 내용이었다. 그리고 기회가 날 때마다 국내와 해외의 많은 교회들의 집회에 참석하여 이와 같은 내용을 강조하였다.
　지금 통일이 우리에게 서서히 다가오고 있다. 통일은 우리의 의지와 상관없이 하나님의 뜻에 따라 이루어질 것이다. 물론 그 시기는 하나님 외에 누구도 알 수도 없지만, 우리가 생각하는 것보다 훨씬 빨리 올 것이다. 어쩌면 성경에 나오는 말씀처럼 어느 날 도둑같이 올지도 모른다.

지난 2천 년 역사를 볼 때 한반도에는 고구려, 신라, 백제의 세 나라가 있었고 주후 676년에 신라가 삼국을 통일했다. 그리고 다시 삼국으로 분열되었다가 주후 936년에 고려가 다시 후삼국을 통일하였다.

그 후 약 천 년 동안 한반도에는 고려와 조선이라고 하는 두 개의 왕조만이 존재했다. 그리고 남북이 분단되었다. 이제 한반도가 다시 통일이 된다면 약 천 년 전 고려가 후삼국을 통일한 것과 유사한 상황이 발생하는 것이다.

남북통일은 하나님께서 정하신 우리나라의 지계석(地界石)으로 돌아가는 거대한 사건이다. 그래서 통일이 오는 과정에서 많은 사건과 환란이 생기는 것이 어쩌면 당연하다. 최근 우리가 보고 있는 남북 간의 여러 사건들도 다 그러한 조짐의 일환일 가능성이 높다. 그러니 너무 놀랄 필요가 없다. 우리는 성경에서 하나님께서 항상 중요한 사건을 앞두고 말씀하신 대로 놀라지 말고 두려워하지 말아야 한다.

> 두려워하지 말라 내가 너와 함께함이라 놀라지 말라 나는 네 하나님이 됨이라 내가 너를 굳세게 하리라 참으로 너를 도와주리라 참으로 나의 의로운 오른손으로 너를 붙들리라 사 41:10

우리는 깨어 기도해야 한다. 통일이 오도록 기도해야 하고, 그 과정에서 남북 간에 불행한 사태가 발생하지 않도록 기도해야 하고,

환난이 오더라도 우리가 감당할 수 있는 환난만 주시도록 하나님께 간절히 기도해야 한다.

영적으로 볼 때 한반도에 통일이 오는 것을 가장 싫어하는 것은 분열의 영이다. 악한 분열의 영은 한반도의 통일을 방해할 것이다. 남북 간의 대립과 갈등을 고조시키고 우리 내부에서도 이념 갈등을 부추겨 남북의 하나 됨이 이루어지지 못하도록 획책하고 있다. 또한 가정을 비롯한 정치, 경제, 사회, 문화, 교육, 종교 등 각 분야에서 하나 됨을 막고 분열시키려 하고 있다. 이에 속지 말고 더 기도해야 한다.

우리는 먼저 남북 간의 모든 미움과 대립과 이념 갈등이 무너지고 계층과 세대 간의 갈등과 분열이 사라지도록 기도해야 한다. 또한 이 나라 정치에서 거짓과 교만과 권모술수가 사라지고, 경제에서 거짓과 탐욕과 정경유착과 교만이 없어지고 사회, 문화, 교육에서는 선동과 거짓과 탐욕과 조급함과 욕과 무례함과 교만함과 인기몰이가 사라져야 한다. 또한 종교계에서는 비방과 특권의식과 금권선거와 기득권이 없어지고, 가정에서 거짓과 음란함과 알코올 중독과 인터넷 중독이 사라지도록 기도해야 한다.

앞으로 한반도에는 놀라운 일들이 많이 생길 것이다. 특히 북한 땅에서 많은 일들이 생길 것이고, 남북 간에도 그러할 것이다. 이럴 때 더욱 믿음의 기도가 필요하다. 남북이 미움과 대립에서 용서와 사랑의 관계로 변화되어 통일을 이루고, 통일을 통하여 열방이 하나님의 영광을 보게 하는 동시에 통일된 한국에서 하나님의 이름이 존귀와 높임과 찬송을 받도록 기도해야 한다. 우리 크리스천들의 사명과 임무가 참으로 막중하다.

감사의 글

2011년에도 하나님의 사람들로부터 참으로 많은 사랑을 받았다. 비가 억수처럼 쏟아붓는 날에도, 바람이 몰아치는 추운 날에도, 집회마다 어김없이 많은 분들이 나를 기다려주었고, 내가 하나님의 살아 계심을 증거할 때 아멘과 웃음과 박수로, 때로는 눈물로 호응해주었다. 이러한 모습을 보면서 내가 하나님 앞에 참으로 부끄러운 죄인이지만, 하나님의 이름을 영화롭게 하고, 그분의 영광을 조금이라도 드러낼 수 있는 도구로 쓰임받는 것이 말할 수 없이 감사했다.

집회에서는 물론이고 길거리, 식당, 커피숍, 비행기, 심지어는 잠깐 들른 마트에서도 많은 분들이 나를 알아보고, 《하나님의 대사》를 써주어서 감사하다고 하면서, 책을 읽고 기도와 삶이 바뀌었다는 말씀을 하실 때마다 겸연쩍기도 했지만 한편으로는 매우 기뻤다. 이 자리를 빌어 책을 읽으신 분, 집회에 참석해주신 분, 여러 장소에서 나를 알아보시고 격려해주신 분, 비록 다 열어보지는 못했지만 메일을 보내주신 모든 분들에게 깊은 감사를 드린다.

그리고 보이지 않는 곳에서 끊임없이 나를 위해 기도하는 수많은 중보자들에게 감사드린다. 지금까지 하나님의 은혜와 보호하심 속에서 영적으로 공격받지 않고 지낼 수 있었던 것이 다 그들의 기도 덕분이라고 생각한다.

무엇보다 내 옆에서 묵묵히 나를 지지해주는 아내에게 감사한다. 아내는 집안일을 하면서도 나의 집회에 관한 자료를 찾아주고, 귀중한 조언을 해주고, 또 대부분의 집회에 함께 참석했다. 이번에 《하나님의 대사 3》을 쓰면서도 지금까지와 같이 원고 내용을 읽고 수정하고 다듬는 일을 담당하며 큰 힘이 되어주었다.

더불어 아내의 친한 친구로서 늘 우리를 위하여 중보하고 영적인 문제에 관하여 조언을 아끼지 않는 김인숙 목사에게도 감사한다.

이번에 《하나님의 대사 1》이 영문(英文)으로 번역되었다. 그 과정에서 큰 역할을 한 사랑하는 딸 새려와 조카 딸 정경화(하버드대학교 박사과정) 그리고 원고를 감수해준 김일범에게 감사한다. 또한 중문(中文) 번역 작업을 하며 나를 위해 끊임없이 기도해준 여소영 집사에게 감사한다.

마지막으로 지난 1년 동안 기도와 사랑으로 중보해준 규장의 여진구 대표와 직원들에게 감사한다. 《하나님의 대사》 1, 2권의 출간을 통해 가까운 동역자가 된 김아진 실장과 최지설 팀장이 이번에도 수고를 해주어 고마움을 표한다.

하나님의 대사 3

초판 1쇄 발행	2011년 12월 25일
초판 17쇄 발행	2012년 2월 16일
지은이	김하중
펴낸이	여진구
책임편집	김아진, 최지설
편집 1실	안수경, 이영주, 박민희, 박슬기
편집 2실	유혜림
기획·홍보	이한민
책임디자인	이혜영, 정해림 | 전보영
마케팅	김상순, 강성민, 허병용, 이기쁨
마케팅지원	최태형, 최영배, 이명희
제작	조영석, 정도봉
경영지원	김혜경, 김경희
이슬비전도학교	엄취선, 전우순, 최경식
303비전성경암송학교	박정숙, 정나영, 정은혜
303비전장학회 & 303비전꿈나무장학회	여운하
펴낸곳	규장

주소 137-893 서울시 서초구 양재2동 205 규장선교센터
전화 02)578-0003   팩스 02)578-7332
이메일 kyujang@kyujang.com   홈페이지 www.kyujang.com
트위터 twitter.com/_kyujang   페이스북 facebook.com/kyujangbook
등록일 1978.8.14. 제1-22

ⓒ 저자와의 협약 아래 인지는 생략되었습니다.
이 출판물은 저작권법에 의해 보호를 받는 저작물이므로 무단 전재와 무단 복제를 할 수 없습니다.

책값 뒤표지에 있습니다.
ISBN 978-89-6097-247-6 04230
ISBN 978-89-6097-220-9 (세트)

규 | 장 | 수 | 칙

1. 기도로 기획하고 기도로 제작한다.
2. 오직 그리스도의 성품을 사모하는 독자가 원하고 필요로 하는 책만을 출판한다.
3. 한 활자 한 문장에 온 정성을 쏟는다.
4. 성실과 정확을 생명으로 삼고 일한다.
5. 긍정적이며 적극적인 신앙과 신행일치에의 안내자의 사명을 다한다.
6. 충고와 조언을 항상 감사로 경청한다.
7. 지상목표는 문서선교에 있다.

하나님을 사랑하는 자 곧 그의 뜻대로 부르심을 입은 자들에게는 모든 것이 합력하여 善을 이루느니라(롬 8:28)

Member of the
Evangelical Christian
Publishers Association

규장은 문서를 통해 복음전파와 신앙교육에 주력하는 국제적 출판사들의 협의체인 복음주의출판협회(E.C.P.A:Evangelical Christian Publishers Association)의 출판정신에 동참하는 회원(Associate Member)입니다.